Fray Luis de León

La perfecta casada

Barcelona **2024**
Linkgua-ediciones.com

Créditos

Título original: La perfecta casada.

© 2024, Red ediciones S.L.

e-mail: info@linkgua-ediciones.com

Diseño de cubierta: Michel Mallard.

ISBN tapa dura: 978-84-1126-144-9.
ISBN rústica: 978-84-9953-901-0.
ISBN ebook: 978-84-9953-908-9.

Sumario

Brevísima presentación

La vida

Fray Luis de León (Belmonte, Cuenca, 1527-Madrigal de las Altas Torres, Ávila, 1591). España.

De familia ilustre con ascendientes judíos, Luis Ponce de León estudió en Alcalá de Henares y Toledo antes de ingresar como novicio en el convento salmantino de San Agustín. Participó en las polémicas que enfrentaban a dominicos y agustinos en la universidad de Salamanca. Frente al tomismo conservador de los primeros, postuló el análisis de las fuentes hebreas en los estudios bíblicos. Cuando se difundió su traducción al castellano del Cantar de los cantares a partir del hebreo, fue acusado de infringir la prohibición del Concilio de Trento, que estableció como oficial la versión latina de san Jerónimo. Procesado por la Inquisición, estuvo encarcelado entre 1572 y 1577, al final fue declarado inocente y pudo volver a sus clases. Hombre vehemente, sufrió otra amonestación inquisitorial en 1584. Tuvo las cátedras de filosofía y estudios bíblicos, y poco antes de su muerte, en 1591, fue nombrado provincial de la orden agustina en Castilla. Dominaba el griego, el latín, el hebreo, el caldeo y el italiano. Fue admirado por Cervantes (que lo llamó «ingenio que al mundo pone espanto»), por Lope de Vega que escribió:

«Tu prosa y verso iguales
conservarán la gloria de tu nombre»

y sobre todo por Francisco de Quevedo (quien lo consideró el «mejor blasón de la habla castellana»).

La perfección

La perfecta casada describe los atributos que requiere una mujer para el matrimonio católico. El texto, escrito en el espíritu de la Contrarreforma, fue muy referido en España hasta finales del siglo XIX.

Dios, cuando quiso casar al hombre, dándole mujer, dijo: «Hagámosle un ayudador su semejante» (Gén, 2); de donde se entiende que el oficio natural de la mujer, y el fin para que Dios la crió, es para que sea ayudadora del marido, y no su calamidad y desventura; ayudadora, y no destruidora. Para que la alivie de los trabajos que trae consigo la vida casada, y no para que añadiese nuevas cargas. Para repartir entre sí los cuidados, y tomar ella parte, y no para dejarlos todos al miserable, mayores y más acrecentados.

La perfecta casada

Del maestro Fray Luis de León a doña María Varela Osorio

Este nuevo estado en que Dios ha puesto a vuestra merced, sujetándola a las leyes del santo matrimonio, aunque es como camino real, más abierto y menos trabajoso que otros, pero no carece de sus dificultades y malos pasos, y es camino adonde se tropieza también, y se peligra y yerra, y que tiene necesidad de guía como los demás; porque el servir al marido, y el gobernar la familia, y la crianza de los hijos, y la cuenta que juntamente con esto se debe al temor de Dios, y a la guarda y limpieza de la consciencia (todo lo cual pertenece al estado y oficio de la mujer casada), obras son que cada una por si pide mucho cuidado, y que todas ellas juntas no se pueden cumplir sin favor particular del cielo. En lo cual se engañan muchas mujeres, porque piensan que el casarse no es más que, dejando la casa del padre, y pasándose a la del marido, salir de servidumbre y venir a libertad y regalo; y piensan que, con parir un hijo de cuando en cuando, y con arrojarle luego de sí en los brazos de una ama, son tan cabales mujeres que ninguna las hace ventaja: como a la verdad, la condición de su estado y las obligaciones de su oficio sean muy diferentes. Y dado que el buen juicio de vuestra merced, y la inclinación a toda virtud, de que Dios la dotó, me aseguran para no temer que será como alguna destas que digo, todavía el entrañable amor que le tengo, y el deseo de su bien que arde en mí, me despiertan para que la provea de algún aviso y para que le busque y encienda alguna luz que, sin engaño ni error, alumbre y enderece sus pasos por todos los malos pasos deste camino y por todas las vueltas y rodeos dél. Y, como suelen los que han hecho alguna larga navegación, o los que han peregrinado por lugares extraños, que a sus amigos, los que quieren emprender la misma navegación y camino, antes que lo comiencen y antes que partan de sus casas, con diligencia y cuidado les dicen menudamente los lugares por donde han de pasar, y las cosas de que se han de guardar, y los aperciben de todo aquello que entienden les será necesario, así yo, en esta jornada que tiene vuestra merced comenzada, te enseñaré, no lo que me enseñó a mí la experiencia pasada, porque es ajena a mi profesión, sino lo que he aprendido en las Sagradas Letras, que es enseñanza del Espíritu Santo. En las cuales, como en una tienda común y como en un mercado público y general para el uso y provecho general de todos los hombres, pone la piedad y sabiduría divina copiosamente todo aquello que es necesario y conviene a cada un estado, y señaladamente en este de las casadas se revee y desciende tanto a lo particular dél, que llega hasta, entrándose por su casas, ponerles la aguja en la mano, y ceñirles la rueca, y menearles el huso entre los dedos. Porque, a la verdad, aunque el estado del matrimonio en grado y perfección es menor que el de los continentes o vírgenes, pero, por la necesidad que hay dél en el mundo para que se conserven los hombres, y para que salgan dellos los que nacen para ser hijos de Dios, y para honrar la tierra y alegrar el ciclo con gloria, fue siempre muy honrado y privilegiado por el Espíritu Santo en las Letras Sagradas; porque de ellas sabemos que este estado es el primero y más antiguo de todos los estados, y sabemos que es vivienda, no inventada después que nuestra naturaleza se corrompió por el pecado y fue condenada a la muerte, sino ordenada luego en el principio, cuando estaban los hombres enteros y bienaventuradamente perfectos en el paraíso. Ellas mismas nos enseñan que Dios por su persona concertó el primer casamiento que hubo, y que les juntó las manos a los dos primeros casados, y los bendijo, y fue juntamente, como si dijéramos, el casamentero y el sacerdote. Allí vemos que la primera verdad que en ellas se escribe haber dicho Dios para nuestro enseñamiento, y la doctrina primera que salió de su boca, fue la aprobación deste ayuntamiento, diciendo: «No es bueno que el hombre esté solo». (Gén, 2.)

Y no solo en los libros del Viejo Testamento, adonde el ser estéril era maldición, sino también en los del Nuevo, en los cuales se aconseja y como apregona generalmente, y como a son de trompeta, la continencia y virginidad, al matrimonio le son hechos nuevos favores.

Cristo, nuestro bien, con ser la flor de la virginidad y amador sumo de la virginidad y limpieza, es convidado a unas bodas, y se halla presente a ellas, y come en ellas, y las santifica, no solamente con la majestad de su presencia, sino con uno de sus primeros y señalados milagros.

Él mismo, habiéndose enflaquecido la ley conyugal, y como aflojádose en cierta manera el estrecho ñudo del matrimonio, y habiendo dado entrada los hombres a muchas cosas ajenas y extrañas mucho de la limpieza, firmeza, y unidad que hay en él; así que, habiéndose hecho el tomar un hombre mujer poco más que recibir una moza de servicio a soldada por el tiempo que bien le estuviese, el mismo Cristo, entre las principales partes de su doctrina, y entre las cosas para cuyo remedio había sido enviado de su Padre, puso también el reparo de este vínculo santo, y así le restituyó en el grado antiguo y primero. Y, lo que sobre todo es, hizo del casamiento, que tratan los hombres entre sí, significación y sacramento santísimo del lazo de amor con que Él se ayunta a las almas, y quiso que la ley matrimonial del hombre con la mujer fuese como retrato e imagen viva de la unidad dulcísima y estrechísima que hay entre Él y su Iglesia; y así ennobleció el matrimonio con riquísimos dones de su gracia y de otros bienes del cielo.

De arte que el estado de los casados es estado noble y santo, y muy preciado de Dios, y ellos son avisados muy en particular y muy por menudo de lo que les conviene, en las Sagradas Letras por el Espíritu Santo, el cual, por su infinita bondad, no se desdeña de poner los ojos en nuestras bajezas, ni tiene por vil o menuda ninguna cosa de las que hacen a nuestro provecho. Pues, entre otros muchos lugares de los divinos libros, que tratan desta razón, el lugar más propio y adonde está como recapitulado o todo o lo más que a este negocio en particular pertenece, es el último capítulo de los Proverbios, adonde Dios, por boca de Salomón, rey y profeta suyo, y como debajo de la persona de una mujer, madre del mismo Salomón, cuyas palabras él pone y refiere, con gran hermosura de razones pinta acabadamente una virtuosa casada, con todas sus colores y partes para que, las que lo pretenden ser (y débenlo pretender todas las que se casan), se miren en ella como en un espejo clarísimo, y se avisen, mirándose allí, de aquello que les conviene para hacer lo que deben.

Y así, conforme a lo que suelen hacer los que saben de pintura y muestran algunas imágenes de excelente labor a los que no entienden tanto del arte, que les señalan los lejos y lo que está pintado como cercano, y les declaran las luces y las sombras, y la fuerza del escorzado, y con la destreza de las palabras hacen que lo que en la tabla parecía estar muerto, viva ya y casi bulla y se menee en los ojos de los que lo miran, ni más ni menos, mi oficio en esto que escribo, será presentar a vuestra merced esta imagen que he dicho labrada por Dios, y ponérsela delante la vista y señalarle con las palabras, como con el dedo, cuanto en mí fuere, sus hermosas figuras, con todas sus perfectiones, y hacerle que vea claro lo que con grandísimo artificio el saber y mano de Dios puso en ella encubierto.

Pero, antes que venga a esto, que es declarar las leyes y condiciones que tiene sobre si la casada por razón de su estado, será bien que entienda vuestra merced la estrecha obligación que tiene a emplearse en el cumplimiento dellas, aplicando a ellas toda su voluntad con ardiente deseo. Porque, como en cualquier otro negocio y oficio que se pretende, para salir bien con él, son necesarias dos cosas: la una, el saber lo que es, y las condiciones que tiene, y aquello en que principalmente consiste; y la otra, el tenerle verdadera afición; así, en esto que vamos agora tratando, primero que hablemos con el entendimiento y le descubramos lo que este oficio es, con todas sus cualidades y partes, convendrá que inclinemos y aficionemos la voluntad a que desee y ame el saberlas, y a que, sabidas, se quiera aplicar a ellas. En lo cual no pienso gastar muchas palabras, ni para con vuestra merced, que es de su natural inclinada a todo lo bueno, serán menester, porque, al que teme a Dios, aficionadamente para que desee y para que procure satisfacer a su estado, bástale saber que Dios se lo manda, y que lo propio y particular que pide a cada uno es que responda a las obligaciones de su oficio, cumpliendo con el cargo y suerte que le ha cabido, y que, si en esto falta, aunque en otras cosas se adelante y señale, le ofende. Porque, como en la guerra el soldado que desampara su puesto no cumple con su capitán, aunque en otras cosas le sirva, y como en la comedia silban y burlan los miradores al que es malo en la persona que representa, aunque en la suya sea muy bueno, así los hombres que se descuidan de sus oficios, aunque en otras virtudes sean cuidadosos, no contentan a Dios. ¿Tendría vuestra merced por su cocinero y daríale su salario al que no supiese salar una olla, y tocase bien un discante?. Pues así no quiere Dios en su casa al que no hace el oficio en que lo pone.

Dice Cristo en el Evangelio que cada uno tome su cruz; no dice que tomo la ajena, sino manda que cada uno se cargue con la suya propia. No quiere que la religiosa se olvide de lo que debe al ser religiosa, y se cargue de los cuidados de la casada; ni le place que la casada se olvide del oficio de su casa y se torne monja. El casado agrada a Dios en ser buen casado, y en ser buen religioso el fraile, y el mercader en hacer debidamente su oficio, y aun el soldado sirve a Dios en mostrar en los tiempos debidos su esfuerzo, y en contentarse con su sueldo, como lo dice Sant Iuan (Jn, 3). Y la cruz que cada uno ha de llevar y por donde ha de llegar a juntarse con Cristo, propriamente es la obligación y la carga que cada uno tiene por razón del estado en que vive; y quien cumple con ella, cumple con Dios y sale con su intento, y queda honrado e illustre, y como por el trabajo de la cruz alcanza el descanso merecido. Mas al revés, quien no cumple con esto, aunque trabaje mucho en cumplir con los oficios que él se toma por su voluntad, pierde el trabajo y las gracias.

Mas es la ceguedad de los hombres tan miserable y tan grande, que, con no haber duda en esta verdad, como si fuera al revés, y como si nos fuera vedado el satisfacer a nuestros oficios y el ser aquellos mismos que profesamos ser, así tenemos enemistad con ellos y huimos de ellos, y metemos todas las velas de nuestra industria y cuidado en hacer los ajenos. Porque verá vuestra merced algunas personas de profesión religiosas, que, como si fuesen casadas, todo su cuidado es gobernar las casas de sus deudos, o de otras personas, que ellas por su voluntad han tomado a su cargo, y que si se recibe o despide al criado, ha de ser por su mano dellas, y si se cuelga la casa en invierno, lo mandan primero ellas; y por el contrario, en las casadas hay otras que, como si sus casas fuesen de sus vecinas, así se descuidan dellas, y toda su vida es el oratorio, y el devocionario, y el calentar el suelo de la iglesia tarde y mañana, y piérdese entre tanto la moza, y cobra malos siniestros la hija, y la hacienda se hunde, y vuélvese demonio el marido. Y si a los unos y a los otros el seguir lo que no son les costase menos trabajo que el cumplir con aquello que deben ser, tendrían alguna color de disculpa, o si, habiéndose desvelado mucho en aquesto que escogen por su querer, saliesen perfectamente con ello, era consuelo en alguna manera; pero es al revés, que ni el religioso, aunque más se trabaje o gobernará como se debe la vida del hombre casado, ni jamás el casado llegará a aquello que es ser religioso; porque, así como la vida del monasterio y las leyes y observancias y todo el trato y asiento de la vida monástica, favorece y ayuda al vivir religioso, para cuyo fin todo ello se ordena, así al que, siendo fraile, se olvida del fraile y se ocupa en lo que es el casado, todo ello le es estorbo y embarazo muy grave. Y como sus intentos y pensamientos, y el blanco adonde se enderezan, no es monasterio, así estropieza y ofende en todo lo que es monasterio, en la portería, en el claustro, en el coro y silencio, en la aspereza y humildad de la vida; por lo cual le conviene, o desistir de su porfía loca, o romper por medio de un escuadrón de duras dificultades, y subir, como dicen, el agua por una torre.

Por la misma manera, el orden y el estilo de vivir de la mujer casada, como la convida y la alienta a que se ocupe en su casa, así por mil partes le retrae de lo que es ser monja o religiosa; y así los unos y los otros, por no querer hacer lo que propriamente les toca, y por quererse señalar en lo que no les atañe, faltan a lo que deben y no alcanzan lo que pretenden, y trabájanse incomparablemente más de lo que fueran si trabajaran en hacerse perfectos cada uno de su oficio, y queda su trabajo sin fruto y sin luz. Y como en la naturaleza los monstruos que nacen con partes y miembros de animales diferentes no se conservan ni viven, así esta monstruosidad de diferentes estados en un compuesto, el uno en la profesión, y el otro en las obras, los que la siguen no se logran en sus intentos; y como la naturaleza aborrece los monstruos, así Dios huye déstos y los abomina. Y por esto decía en la Ley vieja, que ni en el campo se pusiesen semillas diferentes, ni en la tela fuese la trama de uno y la estambre de otro, ni menos se le ofreciese en sacrificio el animal que hiciese vivienda en agua y en tierra.

Pues asiente vuestra merced en su corazón con entera firmeza, que el ser amiga de Dios es ser bien casada, y que el bien de su alma está en ser perfecta en su estado, y que el trabajo en ello y el desvelarse, es ofrecer a Dios un sacrificio aceptísimo de sí misma. Y no digo yo, ni me pasa por pensamiento, que el casado, ni algún otro género de gentes, han de carecer de oración, sino digo la diferencia que ha de haber entre las buenas religiosa y casada; porque, en aquélla, el orar es todo su oficio; en ésta ha de ser medio el orar para que mejor cumpla su oficio. Aquélla no quiso el marido, y negó el mundo y despidióse de todos, para conversar siempre y desembarazadamente con Cristo; ésta ha de tratar con Cristo para alcanzar de Él gracia y favor con que acierte a criar el hijo, y a gobernar bien la casa, y a servir como es razón al marido. Aquélla ha de vivir para orar continuamente;

ésta ha de orar para vivir como debe. Aquélla aplace a Dios regalándose con Él; ésta le ha de servir trabajando en el gobierno de su casa por Él. Mas considere vuestra merced cómo reluce, así en esto, como en todo lo demás, la grandeza de la divina bondad, que pone a su cuenta y se tiene por servido de nosotros con aquello mismo que es provecho nuestro. Porque a la verdad, cuando no hobiera otra cosa que inclinara a la casada a hacer del deber, si no es la paz y sosiego y el gran bien que en esta vida sacan y interesan las buenas de serlo, esto solo bastaba; porque sabida cosa es que, cuando la mujer asiste a su oficio, el marido la ama, y la familia anda en concierto, y aprenden virtud los hijos, y la paz reina, y la hacienda crece. Y como la Luna llena, en las noches serenas, se goza rodeada y como acompañada de clarísimas lumbres, las cuales todas parece que avivan sus luces en ella, y que la remiran y reverencian, así la buena en su casa reina y resplandece, y convierte así juntamente los ojos y los corazones de todos. El descanso y la seguridad la acompañan a dondequiera que endereza sus pasos, y a cualquiera parte que mira encuentra con el alegría y con el gozo, porque, si pone en el marido los ojos, descansa en su amor; si los vuelva a sus hijos, alégrase con su virtud; halla en los criados bueno y fiel servicio, y en la hacienda provecho y acrecentamiento, y todo le es gustoso y alegre; como al contrario, a la que es mala casera todo se lo convierte en amargura, como se puede ver por infinitos ejemplos. Pero no quiero detenerme en cosa, por nuestros pecados, tan clara, ni quiero sacar a vuestra merced de su mismo lugar. Vuelva los ojos por sus vecinos y naturales, y revuelva en su memoria lo que de otras cosas ha oído. ¿De cuántas mujeres sabe que, por no tener cuenta con su estado y tenerla con sus antojos, están con sus maridos en perpetua lid y desgracia? ¿Cuántas ha visto lastimadas y afeadas con los desconciertos de sus hijos y hijas, con quien no quisieron tener cuenta? ¿Cuántas laceran en extrema pobreza porque no atendieron a la guarda de sus haciendas, o por mejor decir, porque fueron la perdición y la polilla dellas? Ello es así, que no hay cosa más rica ni más feliz que la buena mujer, ni peor ni más desastrada que la casada que no lo es; y lo uno y lo otro nos enseña la Sagrada Escritura. De la buena dice así: «El marido de la mujer buena es dichoso, y vivirá doblados días, y la mujer de valor pone en su marido descanso, y cerrará los años de su vida con paz». (Ecl, 26.) «La mujer buena es suerte buena, y como premio de los que temen a Dios, la dará Dios al hombre por sus buenas obras. El bien de la mujer diligente deleitará a su marido y hinchirá de grosura sus huesos. Don grande de Dios es el trato bueno suyo; bien sobre bien y hermosura sobre hermosura es una mujer que es sancta y honesta. Como el Sol que nace parece en las alturas del cielo, así el rostro de la buena adorna y hermosea su casa». (Ecl, 36.) Y de la mala dice, por contraria manera: «La celosa es dolor de corazón y llanto continuo, y el tratar con la mala es tratar con los escorpiones. Casa que se llueve es la mujer rencillosa, y lo que turba la vida es casarse con una aborrecible. La tristeza del corazón es la mayor herida, y la maldad de la mujer es todas las maldades. Toda llaga, y no llaga de corazón; todo mal, y no mal de mujer. No hay cabeza peor que la cabeza de la culebra, ni ira que iguale a la de la mujer enojosa. Vivir con leones y con dragones es más pasadero que hacer vida con la mujer que es malvada. Todo mal es pequeño en comparación de la mala; a los pecadores les caiga tal suerte. Cual es la subida arenosa para los pies ancianos, tal es para el modesto la mujer deslenguada. Quebranto de corazón y llaga mortal es la mala mujer. Cortamiento de piernas y descaimiento de manos es la mujer que no da placer a su marido. La mujer dio principio al pecado, y por su causa morimos todos». (Prov, 19.) Y por esta forma otras muchas razones.

Y acontece en esto una cosa maravillosa, que, siendo las mujeres de su cosecha gente de gran pundonor y apetitosas de ser preciadas y honradas, como lo son todos los de ánimo flaco, y gustando de señalarse y vencerse entre sí unas a otras, aun en cosas menudas y de niñería, no se precian, antes se descuidan y olvidan, de lo que es su propia virtud y loa. Gusta una mujer de parecer más hermosa que otra, y aun si su vecina tiene mejor basquiña, o si por ventura saca mejor invención de tocado, no lo pone a paciencia; y si en el ser mujer de su casa le hace ventaja, no se acuita ni se duele, antes hace caso de honra y tiene punto sobre cualquier menudencia, y solo aquesto no estima: como sea así que el ser vencida en aquello no le daña, y el no vencer en esto la destruye, y con ser así que aquello no es culpa, y aquesto destruye todo el bien suyo y de su casa; y con ser así que el loor que por aquello se alcanza es ligero y vano loor, y loor que antes que nazca perece, y tal, que, si hablamos con verdad, no merece ser llamado loor, y por el contrario, la alabanza que por esto se consigue es alabanza maciza y que tiene verdaderas raíces, y que florece por las bocas de los buenos juicios, y que no se acaba con la edad, ni con el tiempo se gasta, antes con los años crece, y la vejez la renueva, y el tiempo la esfuerza, y la eternidad se espeja en ella, y la envía más viva siempre y más fresca por mil vueltas de siglos. Porque a la buena mujer su familia la reverencia, y sus hijos la aman, y su marido la adora, y los vecinos la bendicen, y los presentes y los venideros la alaban y ensalzan. Y a la verdad, si hay debajo de la Luna cosa que merezca sea estimada y apreciada, es la mujer buena y, en comparación della el Sol mismo no luce, y son escuras las estrellas, y no sé yo joya de valor ni de loor que ansí levante y hermosee con claridad y resplandor a los hombres, como es aquel tesoro de inmortales bienes de honestidad, de dulzura, de fe, de verdad, de amor, de piedad y regalo, de gozo y de paz, que encierra y contiene en sí una buena mujer cuando se la da por compañera su buena dicha.

Que si Eurípides, escritor sabio, parece que a bulto dice de todas mal, y dice que si alguno de los pasados dijo mal dellas, y de los presentes lo dice, o si lo dijeren los que vinieren después, todo lo que dijeron y dicen y dirán, él solo lo quiere decir y dice; así que, si esto dice, no lo dice en su persona, y la que lo dice tiene justa desculpa en haber sido Medea la ocasión que lo dijese.

Mas, ya que habemos llegado aquí, razón es que callen mis palabras, y que comiencen a sonar las del Espíritu Santo, el cual, en la doctrina de las buenas mujeres que pone en los Proverbios, y yo ofrezco agora aquí a vuestra merced; comienza de estos mismos loores en que ya agora acabo, y dice en pocas razones lo que ninguna lengua pudiera decir en muchas: y dice desta manera:

Capítulo I. ¿Quién hallará mujer de valor? Raro y extremado es su precio

Pero, antes que comencemos, nos conviene presuponer que, en este capítulo, el Espíritu Santo así es verdad que pinta una buena casada, declarando las obligaciones que tiene, que también dice y significa, y cómo encubre, debajo desta pintura, cosas mayores y de más alto sentido, que pertenecen a toda la Iglesia; porque se ha de entender que la Sagrada Escritura, que es habla de Dios, es como una imagen de la condición y naturaleza de Dios; y mí como la divinidad es juntamente una perfectión sola y muchas perfectiones diversas, una en sencillez, y muchas en valor y eminencia, así la Sancta Escriptura por unas mismas palabras dice muchas y diferentes razones, y, como lo enseñan los santos, en la sencillez de una misma sentencia encierra gran preñez de sentidos. Y como en Dios todo lo que hay es bueno, así en su Escriptura todos los sentidos que puso en ella el Espíritu Santo son verdaderos. Por manera que el seguir el un sentido, no es desechar el otro, ni menos el que, en estas Sagradas Letras, entre muchos y verdaderos entendimientos que tienen, descubre el uno dellos y le declara, no por eso ha de ser tenido por hombre que desecha los otros entendimientos.

Pues digo que en este capítulo, Dios, por la boca de Salomón, por unas mismas palabras hace dos cosas. Lo uno, instruye y ordena las costumbres; lo otro, profetiza misterios secretos. Las costumbres que ordena, son de la casada; los misterios que profetiza, son el ingenio, y las condiciones que había que tener en su Iglesia, de quien habla como en figura de una mujer de su casa. En esto postrero, da luz a lo que se ha de creer; en lo primero, enseña lo que se ha de obrar. Y porque aquesto solo es lo que hace agora a nuestro propósito, por eso hablaremos dello aquí solamente, y procuraremos cuanto nos fuere posible sacar a luz y poner como delante de los ojos todo lo que hay en esta imagen de virtud que Dios aquí pinta. Dice, pues:

Capítulo II. Mujer de valor, ¿quién la hallará? Raro y extremado es su precio

Propone luego al principio aquello que ha de decir, que es la doctrina de una mujer de valor, esto es, de una perfecta casada, y loa lo que propone, o, por mejor decir, propone loándolo, para despertar desde luego y encender en ellas aqueste deseo honesto y virtuoso. Y porque tuviese mayor fuerza el encarecimiento, pónelo por vía de pregunta, diciendo: «Mujer de valor, ¿quién la hallará?». Y en preguntarlo y decirlo así, dice que es dificultoso el hallarla, y que son pocas las tales. Y así, la primera loa que da a la buena mujer, es decir della que es cosa rara, que es lo mismo que llamarla preciosa y excelente cosa, y digna de ser muy estimada, porque todo lo raro es precioso. Y que sea aqueste su intento, por lo que luego añade se vee: «Alejado y extremado, dice, es su precio». O como dice el original en el mismo sentido: «Más y allende, y muy alejado sobre las piedras preciosas, el precio suyo».

De manera que el hombre que acertare con una mujer de valor, se puede desde luego tener por rico y dichoso, entendiendo que ha hallado una perla oriental, o un diamante finísimo, o una esmeralda, o otra piedra preciosa de inestimable valor. Así que ésta es la primera alabanza de la buena mujer, decir que es dificultosa de hallar. Lo cual, así es alabanza de las buenas, que es aviso para conocer generalmente la flaqueza de todas. Porque no sería mucho ser una buena si hubiese muchas buenas, o si en general no fuesen muchos sus siniestros malos. Los cuales son tantos, a la verdad, y tan extraordinarios y diferentes entre sí, que, con ser un linaje y especie, parecen de diversas especies. Que, como burlando en esta materia, o fue Focílides o fue Simónides, el que lo solía decir, en ellas solas se veen el ingenio y las mañas de todas las suertes de cosas, como si fueran de su linaje: que unas hay cerriles y libres como caballos, y otras resabidas como raposas, otras ladradoras, otras mudables a todos colores, otras pesadas, como hechas de tierra; y por esto, la que entre tantas diferencias de mal acierta a ser buena, merece ser alabada mucho.

Mas veamos por qué causa el Espíritu Santo a la buena mujer la llama mujer de valor, y después veremos con cuánta propriedad la compara y antepone a las piedras preciosas. Lo que aquí decimos mujer de valor, y pudiéramos decir mujer varonil, como Sócrates acerca de Jenofón, llama a las casadas perfectas; así que esto que decimos varonil o valor, en el original es una palabra de grande significación y fuerza, y tal, que apenas con muchas muestras se alcanza todo lo que significa. Quiere decir virtud de ánimo y fortaleza de corazón, industria y riqueza, y poder y aventajamiento, y finalmente, un ser perfecto y cabal en aquellas cosas a quien esta palabra se aplica; y todo esto atesora en sí la que es buena mujer, y no lo es si no lo atesora. Y para que entendamos que es esto verdad, la nombró el Espíritu Santo con este nombre, que encierra en sí tanta variedad de tesoro. Porque, como la mujer sea de su natural flaca y deleznable más que ningún otro animal, y de su costumbre y ingenio una cosa quebradiza y melindrosa, y como la vida casada sea vida sujeta a muchos peligros, y donde se ofrecen cada día trabajos y dificultades muy grandes, y vida ocasionada a continuos desabrimientos y enojos, y, como dice San Pablo, vida adonde anda el ánimo y el corazón dividido y como enajenado de sí, acudiendo agora a los hijos, agora al marido, agora a la familia y hacienda; para que tanta flaqueza salga con victoria de contienda tan dificultosa y tan larga, menester es que la que ha de ser buena casada está cercada de un tan noble escuadrón de virtudes, como son las virtudes que habemos dicho y las que la propiedad de aquel nombre en sí abraza. Porque lo que es harto para que un hombre salga bien con el negocio que emprende, no es bastante para que una mujer responda como debe a su oficio y cuanto el sujeto es más flaco, tanto para arribar con una carga pesada tiene necesidad de mayor ayuda y favor. Y como, cuando en una materia dura y que no se rinde al hierro ni al arte, vemos una figura perfectamente esculpida, decimos y conocemos que era perfecto y extremado en su oficio el artífice que la hizo y que con la ventaja de su artificio venció la dureza no domable del sujeto duro; así, y por la misma manera, el mostrarse una mujer la que debe entre tantas ocasiones y dificultades de vida, siendo de suyo tan flaca, es señal clara de un caudal de virtud rarísima y casi heroica. Y es argumento evidente que, cuanto en la naturaleza es más flaca, tanto se adelanta y aventaja más en el valor del ánimo. Y esta misma es la causa también por donde, como lo vemos por la experiencia, y como la historia nos lo enseña en no pocos ejemplos, cuando alguna mujer acierta a señalarse en algo de lo que es de loor, vence y sobrepuja en ello a muchos hombres de los que se dan a lo mismo. Porque cosa de tan poco ser como es esto que llamamos mujer, nunca ni emprende ni alcanza cosa de valor ni de ser, si no es porque la inclina y la despierta a ello, y la alienta, alguna fuerza de increíble virtud que, o el cielo ha puesto en su alma, o algún don de Dios singular. Que, pues vence su natural, y sale de madre como río, debemos de entender necesariamente que tiene grandes acogidas de bien y de excelencia dentro de sí misma. Por manera que con grandísima verdad y significación de loor, el Espíritu Santo a la mujer buena no la llamó como quiera buena, ni dijo o preguntó: ¿Quién hallará una buena mujer?, sino llamóla mujer de valor, y usó en ello de una palabra tan rica y tan significante como es la original que dijimos, para decirnos que la mujer buena es más que buena, y que esto que nombramos bueno es una medianía de hablar, que no abraza ni allega a aquello excelente que ha de tener y tiene en sí la buena mujer; y que, para que un hombre sea bueno, le basta un bien mediano, mas en la mujer ha de ser negocio de muchos y subidos quilates, porque no es obra de cualquier oficial, ni lance ordinario, ni bien que se halla a doquiera, sino artificio primo y bien incomparable, o, por mejor decir, un amontonamiento de riquísimos bienes. Y éste es el primer loor que le da el Espíritu Santo, y con éste viene como nacido el segundo, que es compararla a las piedras preciosas. En lo cual, como en una palabra, acaba de decir cabalmente todo lo que en esto de que vamos hablando se encierra. Porque, así como el valor de la piedra preciosa es de subido y extraordinario valor, así el bien de una buena tiene subidos quilates de virtud; y como la piedra preciosa en si es poca cosa, y, por la grandeza de la virtud secreta, cobra precio, así lo que en el sujeto flaco de la mujer pone estima de bien, es grande y raro bien; y como en las piedras preciosas la que no es muy fina no es buena, así en las mujeres no hay medianía, ni es buena la que no es muy buena; y, de la misma manera que es rico un hombre que tiene una preciosa esmeralda o un rico diamante, aunque no tenga otra cosa, y el poseer estas piedras no es poseer una piedra, sino poseer en ella un tesoro abreviado; así una buena mujer no es una mujer, sino un montón de riquezas, y quien las posee es rico con ella sola, y sola ella lo puede hacer bienaventurado y dichoso; y, del modo que la piedra preciosa se trae en los dedos y se pone delante de los ojos, y se asienta sobre la cabeza para hermosura y honra della, y el dueño tiene allí juntamente arreo en la alegría y socorro en la necesidad, ni más ni menos a la buena mujer el marido la ha de querer más que a sus ojos, y la ha de traer sobre su cabeza, y el mejor lugar del corazón dél ha de ser suyo, o, por mejor decir, todo su corazón y su alma, y ha de entender que en tenerla, tiene un tesoro general para todas las diferencias de tiempos, y que es varilla de virtud, como dicen, que en toda sazón y coyuntura responderá con su gusto y le hinchirá su deseo, y que en la alegría tiene en ella compañía dulce con quien acrecentará su gozo, comunicándolo, y en la tristeza amoroso consuelo, y en las dudas consejo fiel, y en los trabajos regalo, y en las faltas socorro, y medicina en las enfermedades, acrecentamiento para su hacienda, guarda de su casa, muestra de sus hijos, provisora de sus excesos; y finalmente, en las veras y burlas, en lo próspero y adverso, en la edad florida y en la vejez cansada, y, por el de la vida por todo el proceso, dulce amor, y paz, y descanso.

Hasta aquí llegan las alabanzas que da Dios a aquesta mujer; veamos agora lo que después desto se sigue:

Capítulo III. Confía en ella el corazón de su marido; no le harán mengua los despojos

Después que ha propuesto el sujeto de su razón y nos ha aficionado a él, alabándolo, comienza a especificar las buenas partes dél y aquello de que se compone y perficiona, para que, asentando los pies las mujeres en aquestas pisadas, y siguiendo estos pasos, lleguen a lo que es una casada perfecta. Y porque la perfectión del hombre, en cualquier estado o negocio de aquellos a quien se aplica, consiste principalmente en el bien obrar, por eso el Espíritu Santo no pone aquí por parte desta perfectión de que habla sino solamente las obras loables a que está obligada la casada que pretende ser buena; y la primera es que ha de engendrar en el corazón de su marido una gran confianza; pero es de ver cuál sea y de qué esta confianza que dice; porque pensarán algunos que es la confianza que ha de tener el marido de su mujer, que es honesta; y aunque es verdad que con su bondad la mujer ha de merecer y alcanzar de su marido esta buena opinión, pero, a mi parecer, el Espíritu Santo no trata aquí dello, y la razón por que no la trata es justísima.

Lo primero, porque su intento es componernos aquí una casada perfecta, y el ser honesta una mujer no se cuenta ni debe contar entre las partes de que esta perfectión se compone, sino antes es como el sujeto sobre el cual todo este edificio se funda, y, para decirlo enteramente en una palabra, es como el ser y la substancia de la casada; porque, si no tiene esto, no es ya mujer, sino alevosa ramera y vilísimo cieno, y basura lo más hedionda de todas y la más despreciada. Y como en el hombre, ser dotado de entendimiento y razón, no pone en él loa, porque tenerlo es su propia naturaleza, mas si a caso lo falta el faltarle pone en él mengua grandísima, así la mujer no es tan loable por ser honesta, cuanto es torpe y abominable si no lo es. De manera que el Espíritu Santo en este lugar no dice a la mujer que sea honesta, sino presupone que ya lo es, y, a la que así es, enséñale lo que le falta y lo que ha de añadir para ser acabada y perfecta. Porque, como arriba dijimos, esto todo que aquí se refiero es como hacer un retrato o pintura, adonde el pintor no hace la tabla, sino, en la tabla que le ofrecen y dan, pone él los perfiles y induce después los colores, y levantando en sus lugares las luces, y abajando las sombras adonde conviene, trae a debida perfectión su figura.

Y por la misma manera, Dios, en la honestidad de la mujer, que es como la tabla, la cual presupone por hecha y derecha, añade ricas colores de virtud, todas aquellas que para acabar una tan hermosa pintura son necesarias. Y sea esto lo primero.

Lo segundo porque no habla aquí Dios de lo que toca a esta fe, es porque quiere que este negocio de honestidad y limpieza lo tengan las mujeres tan asentado en su pecho, que ni aun piensen que puede ser lo contrario. Y como dicen de Solón, el que dio leyes a los atenienses, que, señalando para cada maleficio sus penas, no puso castigo para el que diese muerte a su padre, ni hizo memoria deste delicto, porque dijo que no convenía que tuviesen por posible los hombres, ni por acontecedero, un mal semejante; así por la misma razón no trata aquí Dios con la casada que sea honesta y fiel porque no quiere que le pase aun por la imaginación que es posible ser mala. Porque, si va a decir la verdad, ramo de deshonestidad es en la mujer casta el pensar que puede no serlo, o que en serlo hace algo que le deba ser agradecido. Que, como a las aves les es natural el volar, así las casadas han de tener por dote natural, en que no puede haber quiebra, el ser buenas y honestas, y han de estar persuadidas que lo contrario es suceso aborrecible y desventurado, y hecho monstruoso, o, por mejor decir, no han de imaginar que puede suceder lo contrario más que ser el fuego frío o la nieve caliente. Entendiendo que el quebrar la mujer la fe a su marido, es perder las estrellas su luz, y caerse los cielos, y quebrantar sus leyes la naturaleza, y volverse todo en aquella confusión antigua y primera.

Ni tampoco ha de ser esto, como algunos lo piensan, que, con guardar el cuerpo entero al marido, para lo que toca a las pláticas y a otros ademanes y obrecillas menudas, se tienen por libres; porque no es honesta la que no lo es y parece. Y cuanto está lejos del mal, tanto de la imagen o semeja dél ha de estar apartada, porque, como dijo bien un poeta latino, aquella sola es casta en quien ni la fama mintiendo osa poner mala nota. Y, cierto, como al que se pone en el camino de Sanctiago, aunque no llegue, ya le llamamos allá romero; así sin duda es principiada ramera la que se toma licencia para tratar destas cosas que son el camino.

Pero, si no es esto, ¿qué confianza es la de que Dios habla en este lugar? En lo que luego dice se entiende, porque añade: «No le harán mengua los despojos». Llama despojos lo que en español llamamos alhajas y aderezo de casa, como algunos entienden, o, como tengo por más cierto, llama despojos las ganancias que se adquieren por vía de mercancías. Porque se ha de entender que los hombres hacen renta y se sustentan y viven, o de la labranza del campo, o del trato o contratación con otros hombres.

La primera manera de renta es ganancia inocente y sancta ganancia, porque es puramente natural, así porque en ella el hombre come de su trabajo, sin que dañe ni injurie, ni traiga a costa o menoscabo a ninguno, como también porque, en la manera como a las madres es natural mantener con leche a los niños que engendran, y aun a ellos mismos, guiados por su inclinación, les es también natural el acudir luego a los pechos; así nuestra naturaleza nos lleva e inclina a sacar de la tierra, que es madre y engendradora nuestra común, lo que conviene para nuestro sustento.

La otra ganancia y manera de adquirir, que saca fruto y se enriquece de las haciendas ajenas, o con voluntad de sus dueños, como hacen los mercaderes y los maestros y artífices de otros oficios, que venden sus obras, o por fuerza y sin voluntad, como acontece en la guerra, es ganancia poco natural y adonde las más veces interviene alguna parte de injusticia y de fuerza, y ordinariamente dan con desgusto y desabrimiento aquello que dan las personas con quien se granjea. Por lo cual, todo lo que en esta manera se gana es en este lugar llamado despojos por conveniente razón, porque, de lo que el mercader hinche su casa, el otro que contrata con él queda vacío y despojado, y, aunque no por vía de guerra, pero como en guerra, y no siempre muy justa.

Pues dice agora el Espíritu Santo que la primera parte y la primera obra con que la mujer casada se perficiona, es con hacer a su marido confiado y seguro que, teniéndola a ella, para tener su casa abastada y rica no tiene necesidad de correr la mar, ni de ir a la guerra, ni de dar sus dineros a logro, ni de enredarse en tratos viles e injustos, sino que, con labrar él sus heredades, cogiendo su fruto, y con tenerla a ella por guarda y por beneficiadora de lo cogido, tiene riqueza bastante. Y que pertenezca al oficio de la casada, y que sea parte de su perfección, aquesta guarda e industria, demás de que el Espíritu Santo lo enseña y también lo demuestra la razón. Porque cierto es que la naturaleza ordenó que se casasen los hombres, no solo para fin que se perpetuase en los hijos el linaje y nombre de ellos, sino también a propósito de que ellos mismos en sí y en sus personas se conservasen; lo cual no les era posible, ni al hombre solo por sí, ni a la mujer sin el hombre; porque para vivir no basta ganar hacienda, si lo que se gana no se guarda; que, si lo que se adquiere se pierde, es como si no se adquiriese. Y el hombre que tiene fuerzas para desvolver la tierra y para romper el campo, y para discurrir por el mundo y contratar con los hombres, negociando su hacienda, no puede asistir a su casa, a la guarda della, ni lo lleva su condición; y al revés, la mujer que, por ser de natural flaco y frío, es inclinada al sosiego y a la escasez, y es buena para guardar, por la misma causa no es buena para el sudor y trabajo del adquirir. Y así, la naturaleza, en todo proveída, los ayuntó, para que prestando cada uno dellos al otro su condición, se conservasen juntos los que no se pudieran conservar apartados. Y, de inclinaciones tan diferentes, con arte maravillosa, y como se hace en la música, con diversas cuerdas, hizo una provechosa y dulce armonía, para que, cuando el marido estuviese en el campo, la mujer asista a la casa y conserve y endure el uno lo que el otro cogiere. Por donde dice bien un poeta que los fundamentos de la casa son la mujer y el buey: el buey para que are, y la mujer para que guarde. Por manera que su misma naturaleza hace que sea de la mujer este oficio, y la obliga a esta virtud y parte de su perfección, como a parte principal y de importancia. Lo cual se conoce por los buenos y muchos efectos que hace; de los cuales es uno el que pone aquí Salomón, cuando dice que confía en ella el corazón de su marido, y que no le harán mengua los despojos. Que es decir, que con ella se contenta con la hacienda que heredó de sus padres, y con la labranza y frutos della, y que ni se adeuda, ni menos se enlaza con el peligro y desasosiego de otras granjerías y tratos, que, por doquier que se mire, es grandísimo bien. Porque, si vamos a la consciencia, vivir uno de su patrimonio es vida inocente y sin pecado, y los demás tratos por maravilla carecen dél. Si al sosiego, el uno descansa en su casa, el otro lo más de la vida vive en los mesones y en los caminos. La riqueza del uno no ofende a nadie, la del otro es murmurada y aborrecida de todos. El uno como de la tierra, que jamás se cansa ni enoja de comunicamos sus bienes; al otro desámanle esos mismos que le enriquecen. Pues si miramos la honra, cierto es que no hay cosa ni más vil ni más indigna del hombre que el engañar y el mentir, y cierto es que por maravilla hay trato destos que carezca de engaño.

¿Qué diré de la institución de los hijos, y de la orden de la familia, y de la buena disposición del cuerpo y del ánimo, sino que todo va por la misma manera? Porque necesaria cosa es que quien anda ausente de su casa halle en ella muchos desconciertos, que nacen y crecen y toman fuerzas con la ausencia del dueño; y forzoso es, a quien trata de engañar, que te engañen, y que, a quien contrata y se comunica con gentes de ingenio y de costumbres diversas, se le apeguen muchas malas costumbres. Mas, al revés, la vida del campo y el labrar uno sus heredades es una como escuela de inocencia y verdad; porque cada uno aprende de aquello con quien negocia conversa. Y como la tierra en lo que se le encomienda es fiel, y en el no mudarse es estable y clara, y abierta en frontar afuera y sacara luz sus riquezas, y para bien hacer liberal y bastecida, así parece que engendra e imprime en los pechos de los que la labran una bondad particular y una manera de condición sencilla, y un trato verdadero y fiel, y lleno de entereza y de buenas y antiguas costumbres, cual se halla con dificultad en las demás suertes de hombres. Allende de que los cría sanos y valientes, y alegres y dispuestos para cualquier linaje de bien. Y de todos estos provechos, la raíz de donde nacen y en que se sustentan, es la buena guarda e industria de la mujer que decimos.

Mas es de ver en qué consiste esta guarda. Consiste en dos cosas: en que no sea costosa, y en que sea hacendosa. Y digamos de cada una por sí. No ha de ser costosa ni gastadora la perfecta casada, porque no tiene para qué lo sea; porque todos los gastos que hacemos son para proveer o a la necesidad o al deleite; para remediar las faltas naturales con que nacemos, de hambre y desnudez, o para bastecer a los particulares antojos y sabores que nosotros nos hacemos por nuestro vicio. Pues a las mujeres, en lo uno la naturaleza les puso muy grande tasa, y en lo otro las obligó a que ellas mismas se la pusiesen. Que, si decimos verdad y miramos lo natural, las faltas y necesidades de las mujeres son mucho menores que las de los hombres; porque, lo que toca al comer, es poco lo que les basta, por razón de tener menos calor natural, y así es en ellas muy feo ser golosas o comedoras. Y ni más ni menos, cuando toca el vestir, la naturaleza las hizo por una parte ociosas, para que rompiesen poco, y por otra aseadas, para que lo poco les luciese mucho. Y las que piensan que a fuerza de posturas y vestidos han de hacerse hermosas, viven muy engañadas porque la que lo es, revuelta lo es, y la que no, de ninguna manera lo es ni lo parece, y, cuando más se atavía, es más fea. Mayormente que la buena casada, de quien vamos tratando, cualquiera que ella sea, fea o hermosa, no ha de querer parecer otra de lo que es, como se dirá en su lugar. Así que, cuanto a lo necesario, la naturaleza libró de mucha costa a las mujeres, y, cuanto al deleite y antojo, las ató con muy estrechas obligaciones, para que no fuesen costosas. Y un dellas es el encogimiento y modestia y templanza que deben a su natural; que, aunque el desorden y demasía, y el dar larga rienda al vano y no necesario deseo, es vituperable en todo linaje de gentes, en el de las mujeres, que nacieron para sujeción y humildad, es mucho más vicioso y vituperable. Y con ser esto mí, no sé en qué manera acontece que, cuanto son más obligadas a tener esto freno, tanto, cuando le rompen, se desenfrenan más que los hombres y pasan la raya mucho más, y no tiene tasa ni fin su apetito. Y así, sea ésta la segunda causa que las obliga a ser muy templadas en los gastos de sus antojos, porque, si comienzan a destemplarse, se destemplan sin término, y son como un pozo sin suelo, que nada les basta, y como una carcoma, que de continuo roe, y como una llama encubierta, que se enciende sin sentir por la casa y por la hacienda, hasta que la consume. Porque no es gasto de un día el suyo, sino de cada día; ni costa que se hace una vez en la vida, sino que dura toda ella; ni son, como suelen decir, muchos pocos, sino muchos y muchos. Porque, si dan en golosear, toda la vida es el almuerzo y la merienda, y la huerta y la comadre, y el día bueno; y, si dan en galas, pasa el negocio de pasión y llega a increíble desatino y locura, porque, hoy un vestido y mañana otro, y cada fiesta con el suyo; y lo que hoy hacen, mañana lo deshacen, y cuanto ven, tanto se les antoja. Y aun pasa más adelante el furor, porque se hacen maestras o inventoras de nuevas invenciones y trajes, y hacen honra de sacar a la luz lo que nunca fue visto. Y como todos los maestros gustan de tener discípulos que los imiten, ellas son tan perdidas, que, en viendo en otras sus invenciones, las aborrecen, y estudian y se desvelan por hacer otras. Y crece la frenesía más, y ya no les place tanto lo galano y hermoso, como lo costoso y preciado, y ha de venir la tela de no sé dónde, y el brocado de más altos, y el ámbar, que bañe el guante y la cuera, y aun hasta el zapato, el cual ha de relucir en oro como el tocador, y el manteo ha de ser más bordado que la basquiña; y todo nuevo, y todo reciente, y todo hecho de ayer, para vestirlo hoy y arrojarlo mañana. Y, como los caballos desbocados, cuando toman el freno, cuanto más corren, tanto van más desapoderados, y como la piedra que cae de lo alto, que cuanto más desciende, tanto más se apresura; así la sed déstas crece en ellas con el beber, y un gran desatino y exceso que hacen les es principio de otro mayor, y, cuando más gastan, tanto les aplace más el gastar.

Y aún hay en ello otro daño muy grande, que los hombres, si les acontece ser gastadores, las más veces son en cosas, aunque no necesarias, pero duraderas o honrosas, o que tienen alguna parte de utilidad o provecho, como los que edifican sumptuosamente y los que mantienen grande familia, o como los que gustan de tener muchos caballos; mas el gasto de las mujeres es todo en el aire; el gasto muy grande y aquello en que se gasta, ni vale ni luce. En volantes, y en guantes, y en pebetes, y cazoletas, y azabaches y vidrios y musarañas, y en otras cosillas de la tienda, que, ni se pueden ver sin asco, ni menear sin hedor. Y muchas veces no gasta tanto un letrado en sus libros, como alguna dama en enrubiar los cabellos.

Dios nos libre de tan gran perdición; y no quiero ponerlo todo a su culpa, que no soy tan injusto; que gran parte de aquesto nace de la mala paciencia de sus maridos. Y pasara yo agora la pluma a decir algo dellos, si no me detuviera la compasión que les he; porque, si tiene culpa, pagan la pena della con las setenas. Pues no sea la perfecta casada costosa, ni ponga la honra en gastar más que su vecina, sino tenga su casa más bien abastada que ella y más reparada, y haga con su aliño y aseo que el vestido antiguo esté como nuevo, y que, con la limpieza, cualquiera cosa que se pusiere le parezca muy bien y el traje usado y común cobre de su aseo della no usado ni común parecer. Porque el gastar en la mujer es ajeno de su oficio, y contrario, y demasiado para su necesidad, y para los antojos vicioso y muy torpe, y negocio infinito que asuela las casas y empobrece a los moradores, y los enlaza en mil trampas, y los abate y envilece por diferentes maneras; a este mismo propósito es y pertenece lo que sigue:

Capítulo IV. Pagóle con bien, y no con mal, todos los días de su vida

Que es decir que ha de estudiar la mujer, no en empeñar a su marido y meterle en enojos y cuidados, sino en librarle dellos y en serie perpetua causa de alegría y descanso. Porque, ¿qué vida es la del aquel que ve consumir su patrimonio en los antojos de su mujer, y que sus trabajos todos se los lleva el río, o por mejor decir, al albañar, y que, tomando cada día nuevos censos, y creciendo de continuo sus deudas, vive vil esclavo, aherrojado del joyero y del mercader?

Dios, cuando quiso casar al hombre, dándole mujer, dijo: «Hagámosle un ayudador su semejante» (Gén, 2); de donde se entiende que el oficio natural de la mujer, y el fin para que Dios la crió, es para que sea ayudadora del marido, y no su calamidad y desventura; ayudadora, y no destruidora. Para que la alivie de los trabajos que trae consigo la vida casada, y no para que añadiese nuevas cargas. Para repartir entre sí los cuidados, y tomar ella parte, y no para dejarlos todos al miserable, mayores y más acrecentados. Y, finalmente, no las crió Dios para que fuesen rocas donde quebrasen los maridos y hiciesen naufragio de las haciendas y vidas, sino para puertos deseados y seguros en que, viniendo a sus casas, reposasen y se rehiciesen de las tormentas de negocios pesadísimos que corren fuera dellas.

Y así como sería cosa lastimera si aconteciese a un mercader que, después de haber padecido, navegando, grandes fortunas, y después de haber doblado muchas puntas, y vencido muchas corrientes, y navegado por muchos lugares no navegados y peligrosos, habiéndole Dios librado de todos, y viniendo ya con su nave entera y rica, y él gozoso y alegre, para descansar en el puerto, quebrase en él y se anegase; así es lamentable miseria la de los hombres que bracean y forcejean todos los días contra las corrientes de los trabajos y fortunas desta vida, y se vadean en ellas, y en el puerto de sus casas perecen; y les es la guarda destruición, y el alivio mayor cuidado, y el sosiego olas de tempestad, y el seguro y el abrigo, Scila y Caribdis, y peñasco áspero y duro. Pues no ha de ser así, sino muy al contrario. Porque es justo y natural que cada uno sea aquello mismo para que es; y que la guarda sea guarda, y el descanso paz, y el puerto seguridad, y la mujer dulce y perpetuo refrigerio y alegría de corazón, y como un halago blando que continuamente esté trayendo la mano, y enmolleciendo el pecho de su marido, y, borrando los cuidados dél; y, como dice Salomón: «Hale de pagar bien, y no mal, todos los días de su vida». Y dice, no sin misterio, que le ha de pagar bien, para que se entienda que no es gracia y liberalidad este negocio, sino justicia y deuda que la mujer al marido debe, y que su naturaleza cargó sobre ella, criándola para este oficio, que es agradar y servir, y alegrar y ayudar en los trabajos de la vida y en la conservación de la hacienda a aquel con quien se desposa; y que como el hombre está obligado al trabajo del adquirir, así la mujer tiene obligación al conservar y al guardar; y que aquesta guarda es como paga y salario que de derecho se debe a aquel servicio y sudor; y que como él esta obligado a llevar las pesadumbres de fuera, así ella le debe sufrir y solazar cuando viene a su casa, sin que ninguna excusa le desobligue.

Bien a propósito de esto es el ejemplo que Sant Basilio trae, y lo que acerca dél dice: «La víbora, dice, animal ferocísimo entre las sierpes, va diligente a casarse con la lamprea marina; llegada, silba, como dando señas de que está allí, para desta manera atraerla de la mar a que se abrace maridablemente con ella. Obedece la lamprea, y júntase con la ponzoñosa fiera sin miedo. ¿Qué digo en esto? ¿Qué? Que por más áspero y de más fieras condiciones que el marido sea, es necesario que la mujer le soporte, y que no consienta por ninguna ocasión que se divida la paz. ¡Oh, que es un verdugo! ¡Pero es tu marido! ¡Es un beodo! Pero el ñudo matrimonial le hizo contigo uno. ¡Un áspero, un desapacible! Pero miembro tuyo ya, y miembro el más principal. Y, porque el marido oiga lo que le conviene también: la víbora entonces, teniendo respecto al ayuntamiento que hace, aparta de sí su ponzoña, ¿y tú no dejarás la crudeza inhumana de tu natural, por honra del matrimonio?».

Esto es de Basilio. Y demás desto, decir Salomón que la buena casada paga bien, y no mal, a su marido, es avisarle a él que, pues ha de ser paga, lo merezca él primero, tratándola honrada y amorosamente; porque, aunque es verdad que la naturaleza y estado pone obligación en la casa, como decimos, de mirar por su casa y de alegrar y de cuidar continuamente a su marido, de la cual ninguna mala condición dél la desobliga; pero no por eso han de pensar ellos que tienen licencia para serles leones y para hacerlas esclavas; antes, como en todo lo demás es la cabeza el hombre, así todo este trato amoroso y honroso ha de tener principio del marido; porque ha de entender que es compañera suya, o, por mejor decir, parte de su cuerpo, y parte flaca y tierna, y a quien por el mismo caso se debe particular cuidado y regalo. Y esto Sant Pablo, o en Sant Pablo Iesucristo, lo manda así, y usa mandándolo de aquesta misma razón, diciendo: «Vosotros los maridos, amad a vuestras mujeres y, como a vaso más flaco, poned más parte de vuestro cuidado en honrarlas y tratarlas bien». (1 Cor, 13.) Porque, así como a un vaso rico y bien labrado, si es de vidrio, le rodeamos de vasera, y como en el cuerpo vemos que a los miembros más tiernos y más ocasionados para recibir daño, la naturaleza los dotó de mayores defensas, así en la casa a la mujer, como a parte más flaca, se la debe mejor tratamiento. Demás de que el hombre, que es la cordura y el valor, y el seso y el maestro, y todo el buen ejemplo de su casa y familia, ha de haberse con su mujer como quiere que ella se haya con él, y enseñarle con su ejemplo lo que quiere que ella haga con él mismo, haciendo que de su buena manera dél y de su amor aprenda ella a desvelarse en agradarle. Que, si el que tiene más seso y corazón más esforzado, y sabe condescender en unas cosas y llevar con paciencia algunas otras, en todo, con razón, y sin ella, quiere ser impaciente y furioso, ¿qué maravilla es que la flaqueza y el poco saber y el menudo ánimo de la mujer dé en ser desgraciado y penoso?

Y aún hay en esto otro inconveniente mayor, que, como son pusilánimes las mujeres de su cosecha, y poco inclinadas a las cosas que son de valor, si no las alientan a ellas, cuando son maltratadas y tenidas en poco de sus maridos, pierden el ánimo más y descáenseles las alas del corazón, y no pueden poner ni las manos ni el pensamiento en cosa que buena sea: de donde vienen a cobrar siniestros vilísimos. Y de la manera que el agricultor sabio, a las plantas que miran y se inclinan al suelo, y que si las dejasen, se tenderían rastrando por él, no las deja caer, sino con horquillas y estacas que les arrima las endereza y levanta, para que crezcan al cielo, ni más ni menos el marido cuerdo no ha de oprimir ni envilecer con malas obras y palabras el corazón de la mujer, que es caedizo y apocado de suyo, sino al revés, con amor y con honra la ha de levantar y animar, para que siempre conciba pensamientos honrosos. Y pues la mujer, como arriba dijimos, se dio al hombre para alivio de sus trabajos, y para reposo y dulzura y regalo, la misma razón y naturaleza pide que sea tratada dél dulce y regaladamente; porque ¿a dó se consiente que desprecie ninguno a su alivio, ni que enoje a su descanso, ni que traiga guerra perpetua y sangrienta con lo que tiene nombre y oficio de paz? O ¿en qué razón se permite que esté ella obligada a pagarle servicio y contento, y que él se desobligue de merecérselo? Pues adéudelo él y páguelo ella porque se lo debe, y aunque no lo deba lo pague; porque, cuando él no lo supiere adeudar, su oficio della, y su condición, y lo que debe a Dios y a sí misma, pone sobre ella esta deuda de agradar siempre a su marido, guardando su persona y su casa, y no siéndole, como arriba está dicho, costosa y gastadora, que es la primera de las dos cosas en que, como dijimos, consiste, esta guarda. Y contentándonos con lo que della habemos escrito, vengamos agora a la segunda, que es el ser hacendosa, a lo cual pertenece lo que Salomón añade, diciendo:

Capítulo V. Buscó lana y lino, y obró con el saber de sus manos

No dice que el marido le compré lino para que ella labrase, sino que ella lo buscó para mostrar que la primera parte de ser hacendosa, es que sea aprovechada, y que, de los salvados de su casa, y de las cosas que sobran y que parecen perdidas, y de aquello de que no hace cuenta el marido, haga precio ella, para proveerse de uno y de lana, y de las demás cosas que son como éstas, las cuales son como las armas y el campo adonde descubre su virtud la buena mujer. Porque, ajuntando a esto ella su artificio, y ayudándolo con la vela e industria suya y de sus criadas, sin hacer nueva costa y como sin sentir, cuando menos pensaré, hallará su casa abastada y llena de riquezas.

Pero dirán por ventura las señoras delicadas de agora, que esta pintura es grosera, y que aquesta casada es mujer de algún labrador, que hila y teje, y mujer de estado diferente del suyo, y que así no habla con ellas esta razón. A lo cual respondemos, que esta casada es el perfecto dechado de todas las casadas, y la medida con quien, así las mayores como las de menores estados, se han de ajustar, cuando a cada una le fuere posible; y es como el padrón desta virtud, al cual la que más se avecina es más perfecta. Y bastante prueba de ello es que el Spíritu Santo, que nos hizo y nos conoce, queriendo enseñar a la casada su estado, la pinta desta manera.

Mas porque quede más entendido, tomemos el agua de su principio y digamos así. Tres maneras de vidas son en las que se reparten y a las que se reducen todas las maneras de viviendas que hay entre los que viven casados; porque, o labran la tierra, o se mantienen de algún trato y oficio, o arriendan sus haciendas a otros y viven ociosos del fruto dellas. Y así, una manera de vida es la de los que labran, y llamémosla vida de labranza; y otra la de los que tratan, y llamémosla vida de contratación; y la tercera de los que comen de sus tierras, pero labradas con el sudor de los otros, y tenga por nombre vida descansada.

A la vida de labranza pertenece, no solo el labrador que con un par de bueyes labra su pegujar, sino también los que con muchas yuntas y con copiosa y gruesa familia, rompen los campos y apacientan grandes ganados.

La otra vida, que dijimos, de contratación, abraza al tratante pobre, y al mercader grueso, y al oficial mecánico, y al artífice y al soldado, y finalmente, a cualquiera que vende o su trabajo, o su arte o su ingenio.

La tercera vida, ociosa, el uso la ha hecho propia agora de los que llaman nobles y caballeros y señores, los que tienen, o renteros, o vasallos de donde sacan sus rentas.

Y si alguno nos preguntare cuál de estas tres vidas sea la más perfecta y mejor vida, téngase por dicho que la de la labranza es la primera y verdadera; y que las demás dos, por la parte que se avecinan con ella y en cuanto le parecen, son buenas y según della se desvían, son peligrosas. Porque se han de entender que, en esta vida primera, que decimos de labranza, hay dos cosas, ocupación y ganancia; la ganancia es inocente y natural, como arriba dijimos, y sin agravio o desgusto ajeno: la ocupación es loable y necesaria, y maestra de toda virtud.

La segunda vida, de contratación, se comunica con ésta en lo primero, porque es también vida ocupada como ella, y esto es lo bueno que tiene; pero diferénciase de lo segundo, que es la ganancia, porque la recoge de las haciendas ajenas, y las más veces con desgusto de los dueños dellas, y pocas veces sin alguna mezcla de engaño. Y así, cuanto a esto, tiene algo de peligro y de menos reputación.

En la tercera y última vida, si miramos a la ganancia, cuasi es lo mismo que la primera; a lo menos nacen ambas a dos de una misma fuente, que es la labor de la tierra, dado que, cuando llega a los de la vida que llamamos ociosa, por parte de los mineros por donde pasa, cobra algunas veces algún mal color del arrendamiento y del rentero, y de la desigualdad que en esto suele haber pero al fin, por la mayor parte y cuasi siempre es ganancia y renta segura y honrada, y por esta parte aquesta tercera vida es buena vida: pero, si atendemos a la ocupación, es del todo diferente de la primera, porque aquélla es muy ocupada, y ésta es muy ociosa, Y Por la misma causa muy ocasionada a daños y males gravísimos; de manera que lo perfecto y lo natural, en esto de que vamos hablando, es el trato de la labranza. Y pudiera yo aquí agora extender la pluma alabándola, mas dejarélo por no olvidar mi propósito, y porque es negocio sentenciado ya por los sabios antiguos, y que ha pasado en cosa juzgada su sentencia, y también porque, a los que sabemos que Dios puso al hombre en esta vida, y no en otra, cuando le crió, y antes que hubiese pecado, y cuando más le regalaba y quería, bástanos esto para saber que, de todas las maneras de vivir sobredichas, es aquésta la más natural y la mejor.

Pues dejado aquesto por cosa asentada, añadimos, prosiguiendo adelante, que, en todas las cosas que son de un mismo linaje, y que comunican en una misma razón, si acontece que entre ellas haya grados de perfección diferentes, y que aquello mismo que todas tienen, esté en unas más entero y en otras menos, la razón pide que la más aventajada y perfecta sea como regla y dechado de las demás, que es decir que todas han de mirar a la más aventajada, y avecinarse más a ella cuanto les fuere posible, y que, la que más se allegare, librará muy mejor. Claro ejemplo tenemos desto en las estrellas y en el Sol, los cuales todos son cuerpos llenos de luz, y el Sol tiene más que ninguno dellos y él es el más lúcido y resplandeciente, y así es, que tiene la presidencia en la luz, y a quien todas las cosas lúcidas miran y siguen, y de quien cogen sus luces, tanto más cada una cuanto se le acerca más.

Pues digo agora que, como entre todas las suertes de vivir de los hombres casados, tenga el más alto y perfecto grado de seguridad y bien la labranza, y sea, como está concluído, la medida ella y la regla que han de seguir, y el dechado que han de imitar, y el blanco donde han de mirar, y a quien se han de hacer vecinas cuanto pudieren las demás suertes, no convenía en ninguna manera que el Espíritu Santo, que pretende poner aquí una que sea como perfecto dechado de las casadas, pusiese, o una mercadera, mujer de los que viven de contratación, o una señora regalada y casada con un ocioso caballero, porque la una y la otra suerte son suertes imperfectas y menos buenas, y por la misma causa inútiles para ser puestas por ejemplo general y por dechado; sino escogió la mejor suerte, y hizo una pintura de perfecta mujer en ella, y púsola como delante de los ojos a todas las mujeres, así a las que tienen aquella condición de vida, como a las de diferentes estados y condiciones para que a todas fuese común dechado y ejemplo: a las del mismo estado, para que se ajustasen del todo con él, y a las de otra manera, para que se lo acercasen e hiciesen semejante cuanto los fuese posible. Porque, aunque no sea de todas el lino y la lana, y el huso y la tela, y el velar sobre sus criadas, y el repartirles las tareas y las raciones, pero en todas hay otras cosas que se parecen a éstas y que tienen parentesco con ellas, y en que han de velar y se han de remirar las buenas casadas con el mismo cuidado que aquí se dice. Y a todas, sin que haya en ello excepción, los está bien y los pertenece, a cada una en su manera, el no ser perdidas y gastadoras, y el ser hacendosas y acrecentadoras de sus haciendas. Y si el regalo y el mal uso de agora ha persuadido que el descuido y el ocio es parte de nobleza y grandeza, y si las que se llaman señoras hacen estado de no hacer nada y de descuidarse de todo, y si creen que la granjería y la labranza es negocio vil contrario de lo que es señorío, es bien que se desengañen con la verdad.

Porque si volvemos los ojos atrás, y tendemos la vista por los tiempos pasados, hallaremos que, siempre que reinó la virtud, la labranza y el reino anduvieron hermanados y juntos; y que el vivir de la granjería de su hacienda era vida usada, y que les acarreaba reputación a los príncipes y grandes señores. Abraham, hombre riquísimo y padre de toda la verdadera nobleza, rompió los campos; David, rey invencible y glorioso, no solo antes del reino apacentó las ovejas pero, después de rey, los pechos de que se mantenía eran sus labranzas y sus ganados. Y de los romanos, señores del mundo, sabemos que del arado iban al consulado, que es decir al mando y gobierno de toda la tierra, y volvían del consulado al arado. Y si no fuera esta vida de nobles, y, no solo, usada y tratada por ellos, sino también debida y conveniente a los mismos, nunca el poeta Homero en su poesía, que fue imagen viva de lo que a cada una persona y estado convino, introdujera a Elena, reina noble, que, cuando salió a ver a Telémaco asentada en su cadira, una doncella suya te pone al lado en un rico canastillo copos de lana ya puestos a punto para hilar, y husadas ya hiladas, y la rueca para que hilase. Ni en el palacio de Alcinoo, príncipe de su pueblo riquísimo, de cien damas que tenía a su servicio, hiciera, como hace, hilanderas a las cincuenta. Y la tela de Penélope, princesa de Ítaca, y su tejer y destejer, no la fingiera el juicio de un tan grande poeta, si la tela y el urdir fuera ajeno de las mujeres principales. Y Plutarco escribe que en Roma a todas las mujeres, por más principales que fuesen, cuando se casaban y cuando las llevaba el marido a su casa, a la primera entrada della y como en el umbral, les tenían, como por ceremonia necesaria, puesta una rueca, para que lo que primero viesen al entrar de su casa, les fuese aviso de aquello en que se habían de emplear en ella siempre.

Pero ¿qué es menester traer ejemplos tan pasados y antiguos, y poner delante los ojos lo que, de muy apartado, cuasi se pierde de vista? Sin salir de nuestras casas, dentro en España, y casi en la edad de nuestros abuelos, hallamos claros ejemplos de esta virtud, como de la reina católica doña Isabel, princesa bienaventurada, se lee. Y si las que se tiene agora por tales, y se llaman duquesas y reinas, no se persuaden bien por razón, hagan experiencia dello por algún tiempo breve, y tomen la rueca, y armen los dedos con la aguja y dedal, y cercadas de sus damas, y en medio dellas, hagan labores ricas con ellas, y engañen algo de la noche con este ejercicio, y húrtense al vicioso sueño, para entender en él, y ocupen los pensamientos mozos de sus doncellas en estas haciendas, y hagan que, animadas con el ejemplo de la señora, contiendan todas entre sí, procurando de aventajarse en el ser hacendosas; y cuando para el aderezo o provisión de sus personas y casas no les fuere necesaria aquesta labor (aunque ninguna casa hay tan grande, ni tan real, adonde semejantes obras no traigan honra y provecho), pero, cuando no para sí, háganlo para remedio y abrigo de cien pobrezas y de mil necesidades ajenas.

Así que, traten las duquesas y las reinas el lino, y labren la seda, y den tarea a sus damas, y pruébense con ellas en estos oficios, y pongan en estado y honra aquesta virtud; que yo me hago valiente de alcanzar del mundo que las loe, y de sus maridos, los duques y reyes, que las precien por ello y que las estimen; y aún acabaré con ellos que, en pago deste cuidado, las absuelvan de otros mil importunos y memorables trabajos con que atormentan sus cuerpos y rostros, y que las excusen y libren de leer en los libros de caballerías, y del traer el soneto y la canción en el seno, y del billete y del donaire de los recaudos, y del terrero y del sarao, y de otras cien cosas de este jaez, aunque nunca las hagan. Por manera que la buena casada, en este artículo de que vamos hablando de ser hacendosa Y casera, ha de ser, o labradora, en la forma que habemos dicho, o semejante a labradora todo cuanto pudiere.

Y porque del ser hacendosa decíamos que era la primera parte ser aprovechada, y que por esta causa Salomón no dijo que el marido lo compraba lino a esta mujer, sino que ella lo buscaba y compraba, es de advertir lo que en esto acontece no pocas veces, que algunas, ya que se disponen a ser hacendosas, por faltarles esta parte de aprovechada, son más caras y más costosas labrando, que antes eran desaprovechadas holgando; porque, cuanto hacen y labran ha de salir todo de casa del joyero y del mercader, o fiado, o comprado a mayores precios, y quiere la ventura después que, habiendo venido mucho del oro y mucha de la seda y aljófar, para todo el artificio y trabajo en un arañuelo de pájaros, o en otra cosa semejante de aire. Pues a estas tales mándenles sus maridos que descansen y huelguen, o ellas lo harán sin que se lo manden, porque muy menos malas son para el sueño que para el trabajo y la vela; que lo casero y lo hacendoso de una buena mujer, gran parte dello consiste en que ninguna cosa de su casa quede desaprovechada, sino que todo cobre valor, y crezca en sus manos, y que, como sin saber de qué, se haga rica y saque tesoro, a manera de decir, de entre las barreduras de su portal. Y si el descender a cosas menudas no fuera, hacer particular esta doctrina, que el Espíritu Santo quiso que fuese general y común, yo trujera agora a vuestra merced por toda su casa y en cada uno de los rincones della dijera lo que hay de provecho; mas vuestra merced lo sabe bien y lo hace mejor, y las que se aplican a esta virtud, de sí mismas lo entienden; como, al revés las que son perdidas y desaprovechadas, por más que se les diga, nunca lo aprenden. Pero veamos lo que después de aquesto sigue:

Capítulo VI. Fue como navío de mercader, que de lueñe trae su pan

Pan llama la Sagrada Escriptura a todo aquello que pertenece y ayuda a la provisión de nuestra vida. Pues compara a esta su casada, Salomón, a un navío de mercader, bastecido y rico. En lo cual hermosea y eficazmente da a entender la obra y el provecho desto que tratamos y llamamos casero y hacendoso en la mujer. La nao, lo uno corre la mar por diversas partes, pasa muchos senos, toca en diferentes tierras y provincias, y en cada una dellas coge lo que en ellas hay bueno y barato, y, con solo tomarlo en sí y pasarlo a su tierra, le da mayor precio, y dobla y tresdobla la ganancia. Demás desto, la riqueza que cabe en una nao y la mercadería que abarca, no es riqueza la que basta a un hombre solo o a un género de gente particular, sino es provisión entera para una ciudad, y para todas las diferencias de gentes que hay en ella; trae lienzos, y sedas, y brocados, y piedras ricas, y obras de oficiales, hermosas, y de todo género de bastimentos, y de todo gran copia. Pues esto mismo acontece a la mujer casera, que, como la nave corre por diversas tierras buscando ganancia, así ella ha de rodear de su casa todos los rincones, y recoger todo lo que pareciere estar perdido en ellos, y convertido en utilidad y provecho, y tentar la diligencia de su industria, y como hacer prueba della, así en lo menudo como en lo granado. Y, como el que navega a las Indias, de las agujas que lleva, y de los alfileres, y de otras cosas de aqueste jaez, que acá valen poco y los indios las estiman en mucho, trae rico oro y piedras preciosas, así esta nave que vamos pintando ha de convertir en riqueza lo que pareciere más desechado, y convertirlo sin parecer que hace algo en ello, sino con tomarlo en la mano y tocarlo, como hace la nave, que, sin parecer que se menea, nunca descansa, y cuando los otros duermen, navega ella, y acrecienta con solo mudar el aire el valor de lo que recibe; y así, la hacendosa mujer estando asentada, no para; durmiendo, vela, y ociosa, trabaja, y, cuasi sin sentir cómo o de qué manera, se hace rica.

Visto habrá vuestra merced alguna mujer como ésta, y dentro de su casa debe haber no pequeño ejemplo de aquesta virtud. Pero si no quiere acordarse de sí, y quiere ver con cuanta propriedad y verdad es nao la casera, ponga delante los ojos una mujer que rodea su casa, y que de lo que en ella parece perdido hace dinero, y compra lana y lino, y junto con sus criadas lo adereza y lo labra, y verá que, estándose sentada con sus mujeres, volteando el huso en la mano y contando consejas (como la nave, que, sin parecer que se muda, va navegando, y pasando un día y sucediendo otro, y viniendo las noches, y amaneciendo las mañanas, y corriendo como sin menearse), la obra anda, y se teje la tela, y se labra el paño, y se acaban las ricas labores, y, cuando menos pensamos, llenas las velas de prosperidad, entra esta nuestra nave en el puerto, y comienza a desplegar sus riquezas, y sale de allí el abrigo para los criados, y el vestido para los hijos, y las galas suyas, y los arreos para su marido, y las camas ricamente labradas, y los atavíos para las paredes y salas, y los labrados hermosos, y el abastecimiento de todas las alhajas de caza, que es un tesoro sin suelo. Y dice Salomón que trae esta nave de lueñe su pan, porque, si vuestra merced coteja el principio desta obra con el fin della, y mide bien los caminos por donde se viene a este puerto, apenas alcanzará cómo se pudo llegar a él, ni cómo fue posible, de tan delgados y apartados principios, venirse a hacer después un tan caudaloso río. Mas pasemos a lo que después de esto se sigue:

Capítulo VII. Madrugó y repartió a sus gañanes las raciones, la tarea a sus mozas

Es, como habemos dicho, esta casada que pinta aquí y pone por ejemplo de las buenas casadas el Spíritu Santo, mujer de un hombre de los que viven de labranza. Y la razón por que pone por dechado a una mujer de esta suerte, y no de las otras maneras, también está dicha. Pues como, en las casas semejantes de la familia que ha de ir a las cosas del campo, es menester que madrugue muy de mañana, y, porque no vuelve a casa hasta la noche, es menester también que lleve consigo la provisión de la comida y almuerzo, y que se les reparta a cada uno, así la ración de su mantenimiento, como las obras y haciendas en que han de emplear su trabajo aquel día; pues como esto sea así, dice Salomón que aquesta su buena casada no encomendó este cuidado a algunas de sus sirvientas y se queda ella regalando con el sueño de la mañana descuidadamente en su cama; sino que se levantó la primera, y que ganó por la mano al lucero, y amaneció ella antes que el Sol, y por sí misma, y no por mano ajena, proveyó a su gente y familia, así en lo que habían de hacer, como en lo que habían de comer.

En lo cual enseña y manda a las que son desta suerte, que lo hagan así, y, a las que son de suertes diferentes, que usen de la misma vela y diligencia. Porque, aunque no tengan gañanes ni obreros que enviar al campo, tienen cada una en su suerte y estado otras que son como éstas, y que tocan al buen gobierno y provisión de su casa ordinario y de cada día, que las obligan a que despierten y se levanten, y pongan en ello su cuidado y sus manos. Y así, con estas palabras dichas y entendidas generalmente, avisa de dos cosas el Espíritu Santo, y añade como dos nuevos colores de perfección y virtud a esta mujer casada que va debujando. La una es que sea madrugadora; y la otra que, madrugando, provea ella luego y por sí misma y luego, en aquello que pide la orden de su casa: que ambas a dos son importantísimas cosas. Y digamos de lo primero.

Mucho se engañan las que piensan que mientras ellas, cuya es la casa, y a quien propriamente toca el bien y el mal della, duermen y se descuidan, cuidará y velará la criada, que no le toca y que al fin lo mira todo como ajeno. Porque, si el amo duerme, ¿por qué despertará el criado? Y si la señora, que es y ha de ser el ejemplo y la maestra de su familia, y de quien ha de aprender cada una de sus criadas lo que conviene a su oficio, se olvida de todo, por la misma razón, y con mayor razón, los demás serán olvidadizos y dados al sueño. Bien dijo Aristóteles, en este mismo propósito, que el que no tiene buen dechado, no puede ser buen remedador. No podrá el siervo mirar por la caza, si ve que el dueño se descuida della. De manera que ha de madrugar la casada para que madrugue su familia. Porque ha de entender que su casa es su cuerpo, y que ella es el alma dél, y que, como los miembros no se mueven si no son movidos del alma, así sus criadas, si no las menea ella, y las levanta y mueve a sus obras, no se sabrán menear. Y cuando las criadas madrugasen por sí, durmiendo su ama y no la teniendo por testigo y por guarda suya, es peor que madruguen, porque entonces la casa, por aquel espacio de tiempo, es como pueblo sin rey y sin ley, y como comunidad sin cabeza; y no se levantan a servir, sino a robar y destruir, y es el propio tiempo para cuando ellas guardan sus hechos.

Por donde, como en el castillo que está en frontera o en lugar que se teme de los enemigos, nunca falta la vela, así, en la casa bien gobernada, en tanto que están despiertos los enemigos, que son los criados, siempre ha de velar el señor. Él es el que ha de ir al lecho postrero, y el primero que ha de levantarse del lecho. Y la señora y la casada que aquesto no hiciere, haga el ánimo ancho a su gran desventura, persuadida y cierta que le han de entrar los enemigos el fuerte, y que un día sentirá el daño y otro verá el robo, y de contino el enojo y el mal recaudo y servicio, y que, al mal de la hacienda, acompañará también el mal de la honra. Y, como dice Cristo en el Evangelio, que mientras el padre de la familia duerme, siembra el enemigo la cizaña; así ella, con su descuido y sueño meterá la libertad y la deshonestidad por su casa, que abrirá las puertas y falseará las llaves y quebrantará los candados, y penetrará hasta los postreros secretos, corrompiendo a las criadas, y no parando hasta poner su inficción en las hijas: con que la señora que no supo entonces ni quiso por la mañana despedir de los ojos el sueño, ni dejar de dormir un poco, lastimada y herida en el corazón, pasará en amargos suspiros muchas noches velando. ¡Mas es trabajoso el madrugar y dañoso para la salud! Cuando fuera así, siendo por otra parte tan provechoso y necesario para el buen gobierno de la casa, y tan debido al oficio de la que se llama señora della, se había de posponer aquel daño, porque más debe el hombre a su oficio que a su cuerpo, y mayor dolor y enfermedad es traer de contino su familia desordenada y perdida, que padecer un poco, o en el estómago de la flaqueza, o en la cabeza de pesadumbre; pero al revés, el madrugar es tan saludable, que la razón sola de su salud, aunque no despertara el cuidado y obligación de la casa, había de levantar de la cama a las casadas en amaneciendo.

Y guarda en esto Dios, como en todo lo demás, la dulzura y suavidad de su sabio gobierno, en que aquello a que nos obliga es lo mismo que más conviene a nuestra naturaleza y en que recibe por su servicio lo que es nuestro provecho. Así que, no solo la casa, sino también la salud, pide a la buena mujer que madrugue. Porque cierto es que es nuestro cuerpo del metal de los otros cuerpos, y que no se puede dudar sino que la orden que guarda la naturaleza para el bien y conservación de los demás, esa misma es la que conserva y da salud a los hombres. Pues ¿quién no vee que a aquella hora despierta el mundo todo junto, y que, la luz nueva saliendo, abre los ojos de los animales todos, y que, si fuese entonces dañoso dejar el sueño, la naturaleza (que en todas las cosas generalmente, y en cada una por sí, esquiva y huye el daño, y sigue y apetece el provecho, o que, para decir la verdad, es ella eso mismo que a cada una de las cosas conviene y es provechoso) no rompiera tan presto el velo de las tinieblas que nos adormecen, ni sacara por el Oriente los claros rayos del Sol, o si los sacara, no les diera tantas fuerzas para nos despertar? Porque si no despertase naturalmente la luz, no le cerrarían las ventanas tan diligentemente los que abrazan el sueño. Por manera que la naturaleza, pues nos envía la luz, quiere sin duda que nos despierte. Y pues ella nos despierta, a nuestra salud conviene que despertemos. Y no contradice a esto el uso de las personas que agora el mundo llama señores, cuyo principal cuidado es vivir para el descanso y regalo del cuerpo, las cuales guardan la cama hasta las doce del día. Antes esta verdad, que se toca con las manos, condena aquel vicio, del cual, ya por nuestros pecados, o por sus pecados dellos mismos, hacen honra y estado, y ponen parte de su grandeza en no guardar ni aun en esto el concierto que Dios les pone. Castigaba bien una persona, que yo conocí, esta torpeza, y nombrábala con su merecido vocablo. Y aunque es tan vil como lo es el hecho, daráme vuestra merced licencia para que lo ponga aquí, porque es palabra que cuadra. Así que, cuando le decía alguno que era estado en los señores este dormir, solía él responder que se erraba la letra, y que, por decir, establo, decían estado.

Y ello a la verdad es así, que aquel desconcierto de vida tiene principio y nace de otro mayor desconcierto, que está en el alma y es causa él también y principio de muchos otros desconciertos torpes y feos. Porque la sangre y los demás humores del cuerpo, con el calor del día y del sueño encendidos demasiadamente y dañados, no solamente corrompen la salud, mas también aficionan e inficionan el corazón feamente. Y es cosa digna de admiración que, siendo estos señores en todo lo demás grandes seguidores, o, por mejor decir, grandes esclavos de su deleite, en esto solo se olvidan dél y pierden, por un vicioso dormir lo más deleitoso de la vida, que es la mañana. Porque entonces la luz, como viene después de las tinieblas y se halla como después de haber sido perdida, parece ser otra y hiere el corazón del hombre con una nueva alegría, y la vista del cielo entonces, y el colorear de las nubes, y el descubrirse el aurora (que no sin causa los poetas la coronan de rosas), y el aparecer la hermosura del Sol, es una cosa bellísima. Pues el cantar de las aves, ¿qué duda hay sino que suena entonces más dulcemente, y las flores, y las hierbas, y el campo, todo despide de sí un tesoro de olor? Y como cuando entra el rey de nuevo en una ciudad, se aderaza y hermosea toda ella, y los ciudadanos hacen entonces plaza y como alarde de sus mejores riquezas, ansí los animales y la tierra y el aire, y todos los elementos, a la venida del Sol se alegran, y, como para recebirle, se hermosean y mejoran y ponen en público cada uno sus bienes. Y como los curiosos suelen poner cuidado y trabajo por ver semejantes recebimientos, así los hombres concertados y cuerdos, aun por solo el gusto, no han de perder esta fiesta que hace toda la naturaleza al Sol por las mañanas; porque no es gusto de un solo sentido, sino general contentamiento de todos, porque la vista se deleita con el nacer de la luz, y con la figura del aire, y con el variar de las nubes; a los oídos las aves hacen agradable armonía; para el oler el olor que en aquella sazón el campo y las hierbas despiden de sí, es olor suavísimo: pues el frescor del aire de entonces tiempla con gran deleite el humor calentado con el sueño, y cría salud y lava las tristezas del corazón, y no sé en qué manera le despierta a pensamientos divinos, antes que se ahogue en los negocios del día.

Pero si puede tanto con estos hijos de tinieblas el amor dellas, que aun del día hacen noche, y pierden el fruto de la luz con el sueño, y ni el deleite, ni la salud, ni la necesidad y provecho que dicho habemos son poderosos para los hacer levantar, vuestra merced, que es hija de luz, levántese con ella, y abra la claridad de sus ojos cuando descubriere sus rayos el Sol, y con pecho puro levante sus manos limpias al Dador de la luz, ofreciéndole con santas y agradecidas palabras su corazón, y, después de hecho esto, y de haber gozado del gusto del nuevo día, vuelta a las cosas de su casa, entienda en su oficio, que es lo otro que pide en esta letra el Spíritu Santo a la buena casada, como fin a quien se ordenó lo primero que habemos dicho del madrugar.

Porque no se entiende que, si madruga la casada, ha de ser para que, rodeada de botecillos y arquillas, como hacen algunas, se esté sentada tres horas afilando la ceja y pintando la cara, y negociando con su espejo que mienta y la llame hermosa. Que, demás del grave mal que hay en aqueste artificio postizo, del cual en su lugar diremos después, es no conseguir el fin de su diligencia, y es faltar a su casa por ocuparse en cosas tan excusada, que fuera menos mal el dormir.

Levántese, pues, y levantada, gobierne su gente y mire lo que se ha de proveer y hacer aquel día, y a cada uno de sus criados reparta su oficio; y como en la guerra el capitán, cuando ordena por hileras su escuadra, pone a cada un soldado en su propio lugar y le avisa a cada uno que guarden su puesto, así ella ha de repartir a sus criados sus obras y poner orden en todos, en lo cual se encierran grandes provechos, porque, lo uno, hácese lo que conviene con tiempo y con gusto; lo otro, para cuando alguna vez acontece que, o la enfermedad o la ocupación tiene ausente a la señora, están ya los criados, por el uso, como maestros en todo aquello que deben hacer, y la voz y la orden de su ama, a la cual tienen hechos ya los oídos, aunque no la oigan entonces, les suena en ellos todavía, y la tienen como presente sin vella.

Y demás desto, del cuidado del ama aprenden las criadas a ser cuidadosas, y no osan tener en poco aquello en que ven que se emplea la diligencia y el mandamiento de su señora; y como conocen que su vista y provisión della se extiende por todo, paréceles, y con razón, que en todo cuanto hacen la tienen como por testigo y presente, y así se animan, no solo a tratar con fidelidad sus obras y oficios, sino también a aventajarse señaladamente en ellos. Y así crece el bien como espuma, y se mejora la hacienda, y reina el concierto, y va desterrado el enojo. Y finalmente, la vista y la, presencia y la voz y el mando del ama, hace a sus mozas, no solo que le sean provechosas, sino que ellas en sí no se hagan viciosas, lo cual también pertenece a su oficio. Síguese:

Capítulo VIII. Vínole al gusto una heredad, y compróla, y del fruto de sus palmas plantó viña

Esto no es algún nuevo precepto, diferente de los pasados, ni otra virtud más particular que las dichas; sino antes es como una cosa que se consigue y nace dellas. Porque cierto es que la casada que fuere tan tasada en sus gastos y tan no curiosa por una parte, y por otra tan casera y veladora y aprovechada, no solo conservará y tendrá en pie lo que su marido adquiriere, sino también ella lo acrecentará por su parte, que es lo que aquí agora se dice. Porque, de tan grande industria y vela, el fruto no puede ser sino grande.

Por manera que a los demás títulos que, siguiendo esta doctrina de Dios, habemos dado a la buena mujer, añadimos agora éste: que sea adelantadora de su hacienda, no como título diferente de los primeros, sino como cosa que se sigue dellos, y que declara la fuerza de los pasados, y lo que pueden, y el hasta dónde han de llegar. Y así, decir que compró heredamiento y que plantó viña del sudor de su mano, es avisarle que del ser casera, que se le pide, su propio punto es no parar hasta esto, que es, no solo bastecer a su casa, sino también adelantar su hacienda; no solo hacer que lo que está dentro de sus puertas esté bien proveído, sino hacer también que se acrecienten en número los bienes y posesiones de fuera. Y es decirle que pretenda y se precie ella también de, señalando como con el dedo alguna parte de sus posesiones, poder decir claramente: «Éste es fruto de mis trabajos; mi industria añadió esto a mi casa; de mis sudores fructificó esta hacienda»; como lo han hecho en nuestros tiempos algunas.

Pero dirán que es esto pedir mucho. A las cuales pregunto yo: ¿qué es en esto lo que tienen por mucho? ¿Tienen por mucho que, de la diligencia y aprovechamiento y labor de una mujer, acompañada de sus mujeres, salga cosa de tanto valor como es esto? ¿O tienen por mucho que quiera ella gastar y que nosotros la obliguemos a que gaste en estos aprovechamientos y haciendas, y no en sus contentos lo que adquiriere? Si aquesto postrero es lo que les parece mucho en aquesta doctrina, no tiene razón, ni en tener otro ningún gasto por más suyo ni por más apacible y gustoso ni en pensar que se vende en la tienda cosa que, comprada, las hermosee más que estas compras. Porque aquello pasa en el aire, y el bien y honra y contento, juntamente con el buen nombre, que por esta otra vía se adquiere, como tiene raíces en la virtud, es duradero y perpetuo. Mas si lo primero las espanta, porque no creen que sus manos pueden venir a ser de tan grande provecho, lo uno hácense injuria a sí mismas y limitan su poder apocadamente, y lo otro ellas saben que no es así, y que pueden, si quieren aplicarse, pasar de esta raya, porque ¿adónde no llegará la que puede hacer y la que hiciere lo que se sigue?

Capítulo IX. Ciñóse de fortaleza y fortificó su brazo. Tomó gusto en el granjear; su candela no se apagó de noche. Puso sus manos en la tortera, y sus dedos tomaron el huso

Tenga valor la mujer, y plantará viña; ame el trabajo, y acrecentará su casa; ponga las manos en lo que es propio de su oficio, y no se desprecie dél, y crecerán sus riquezas; no se desciña, esto es, no se enmollezca, ni haga de la delicada, ni tenga por honra el ocio, ni por estado el descuido y el sueño, sino ponga fuerza en sus brazos y acostumbre a la vela sus ojos, y saboréese en el trabajar, y no se desdeñe de poner las manos en lo que toca al oficio de las mujeres, por bajo y por menudo que sea; y entonces verá cuánto valen y adónde llegan sus obras.

Tres cosas le pide aquí Salomón, y cada una en su verso: que sea trabajadora, lo primero; y lo segundo, que vele; y lo tercero, que hile. No quiere que se regale, sino que trabaje.

Muchas cosas están escriptas por muchos en loor del trabajo, y todo es poco para el bien que hay en él; porque es la sal que preserva de corrupción a nuestra vida y a nuestra alma; mas yo no quiero decir aquí nada de lo general. Lo que propiamente toca a la mujer casada, eso diré solamente: porque cuanto de suyo es la mujer más inclinada al regalo y más fácil a enmollecerse y desatarse con el ocio, tanto el trabajo le conviene más. Porque, si los hombres, que son varones, con el regalo conciben ánimo y condición de mujeres, y se afeminan, las mujeres ¿qué serán, sino lo que hoy día con muchas dellas? Que la seda les es áspera, y la rosa dura, y les quebranta el tenerse en los pies, y del aire que suena se desmayan, y el decir la palabra entera les cansa, y aun hasta lo que dicen lo abortan, y no las ha de mirar el Sol, y todas ellas son un melindre y un lijo, y un asco; perdónenme porque les pongo este nombre, que es el que ellas más huyen, o, por mejor decir, agradézcanme que tan blandamente las nombro.

Porque quien considera lo que deben ser y lo que ellas mismas se hacen, y quien mira la alteza de su naturaleza, y la bajeza en que ellas se ponen por su mala costumbre, y coteja con lo uno lo otro, poco dice en llamarla así; y, si las llamase cieno, que corrompe el aire y le inficiona, y abominación aborrecible, aún se podía tener por muy corto. Porque, teniendo uso de razón, y siendo capaces de cosas de virtud y loor, y teniendo ser que puede hollar sobre el cielo y que está llamado al gozo de los bienes de Dios, le deshacen tanto ellas mismas, se aniñan así con delicadez, y se envilecen en tanto grado, que una lagartija y una mariposilla que vuela tiene más tomo que ellas, y la pluma que va por el aire, y el aire mismo, es de más cuerpo y substancia. Así que debe mirar mucho en esto la buena mujer, estando cierta que, en descuidándose en ello, se volverá en nada. Y como los que están de su naturaleza ocasionados a algunas enfermedades y males, se guardan con recato de lo que en aquellos males les daña, así ellas entiendan que viéndose dispuestas para esta dolencia do nadería y lindrería, o no sé cómo la nombre, y que en ella el regalo es rejalgar, y guárdense dél como huyen la muerte, y conténtense con su natural poquedad, y no le añadan bajeza ni la hagan más apocada; y adviertan y entiendan que su natural es femenil, y que el ocio, él por si afemina, y no junten a lo uno lo otro, ni quieran ser dos veces mujeres.

He dicho el extremo de nada a que vienen las muelles y regaladas mujeres, y no digo la muchedumbre de vicios que desto mismo en ellas nacen, ni oso meter la mano en este cieno, porque no hay agua encharcada y corrompida que críe tantas y tan malas sabandijas, como nacen vicios asquerosos y feos en los pechos destas damas delicadas de que vamos hablando. Y en una dellas, que pinta en los Proverbios (cap. V) el Espíritu Santo, se vee algo desto; de la cual dice así:

«Parlera y vagabunda, y que no sufre estar quieta, ni sabe tener los pies en su casa, ya en la puerta, ya en la ventana, ya en la plaza, ya en los cantones de la encrucijada, y tiende por dondequiera sus lazos. Vio un mancebo, y llegóse a él, y prendióle, y díjole con cara relamida, blanduras: «Hoy hago fiesta y he salido en tu busca, porque no puedo vivir sin tu vista, y al fin he hecho en ti presa. Mi cámara he colgado con hermosas redes, y mi cuadra con tapices de Egipto; de rosas y de flores, de mirra y lináloe está cubierto el suelo todo y la cama. Ven, y bebamos la embriaguez del amor, y gocémonos en dulces abrazos hasta que apunte el aurora».

Y si todas las ociosas no salen a lo público de las calles, como ésta salía, sus abscondidos rincones son secretos testigos de sus proezas, y no tan secretos que no se dejen ver y entender. Y la razón y la naturaleza de las cosas lo pide, que cierto es que produce malezas el campo que no se rompe y cultiva, y que con el desuso, el hierro se toma de orín y se consume, y que el caballo holgado se manca.

Y demás desto, si la casada no trabaja, ni se ocupa en lo que pertenece a su casa, ¿qué otros estudios o negocios tiene en que se ocupar? Forzado es que, si no trata de sus oficios, emplee su vida, en los oficios ajenos, y que dé en ser ventanera, visitadora, callejera, amiga de fiestas, enemiga de su rincón, de su casa olvidada y de las casas ajenas curiosa, pesquisidora de cuanto pasa, y aun de lo que no pasa inventora, parlera y chismosa, de pleitos revolvedora, jugadora también, y dada del todo a la risa y a la conversación y al palacio con lo demás que por ordinaria consecuencia se sigue, y se calla aquí agora, por ser cosa manifiesta y notoria.

Por manera que, en suma y como en una palabra, el trabajo da a la mujer, o el ser, o el ser buena; porque sin él, o no es mujer, sino asco, o es tal mujer, que sería menos mal que no fuese. Y si con esto que he dicho se persuaden a trabajar, no será menester que les diga y enseñe cómo han de tomar el huso y la rueca, ni me será necesario rogarles que velen, que son las otras dos cosas que les pide el Espíritu Santo, porque su misma afición buena se las enseñará; y así dejando esto aquí, pasaremos a lo que sigue:

Capítulo X. Sus manos abrió para el afligido, y sus manos extendió para el menesteroso

A muy buen tiempo puso esto aquí Salomón, porque repitiendo tanto lo que toma a la granjería y aprovechamiento, y habiendo aconsejado a la mujer tantas veces y con tan encarecidas palabras que sea hacendosa y casera, dejábala, al parecer, muy vecina al avaricia y escasez, que son males que tienen parentesco con la granjería, y que se le allegan no pocas veces. Porque, así como hay algunos vicios que tienen apariencia y gran semejanza de algunas virtudes, así hay virtudes también que están como ocasionadas a algunos vicios; porque, aunque es verdad que la virtud consiste en el medio, mas como este medio no se mide a palmos, sino es medio que se ha de medir con la razón, muchas veces se aleja más del un extremo que del otro, como parece en la liberalidad, que es virtud medida por la razón entre los dos extremos del avaro y del pródigo, y se aparta mucho menos del pródigo que del avaro. Y aun también acontece que de la virtud y del vicio, que en la verdad son principios muy diferentes en la vista pública y en lo que de fuera parece, nazcan frutos muy semejantes. Tanto es disimulado el mal, o tanto procura disimularse para nuestro daño, o por mejor decir, tanta es la fuerza y excelencia del bien, y tan general su provecho, que aun el mal, para poder vivir y valer, se le allega y se viste dél, y desea tomar su color.

Así vemos que el prudente y recatado huye de algunos peligros, y que el temeroso y cobarde huye también. Adonde, aunque las causas sean diversas, es uno y semejante el huir. Y vemos por la misma manera que el hombre concertado granjea y beneficia su hacienda, y el avariento también es granjero, y que son unos en el granjear, aunque en los motivos del granjear son diferentes. Y puede tanto este parentesco y disimulación, que, no solamente los que miran de lejos y ven solo lo que se parece, engañándose, nombran por virtud lo que es vicio mas también esos mesmos, que ponen las manos en ello y lo obran, muchas veces no se entienden a sí, y se persuaden que les nace de raíz de virtud lo que les viene de inclinación dañada y viciosa. Por donde todo lo semejante pide grande advertencia, para que el mal disimulado con el bien, no pueda engañarnos. Y así, porque a Dios no aplace sino la virtud, y porque ser la mujer muy granjera le puede nacer de avaricia y de vicio, para que no se canse sin fruto, y para que no ofenda a Dios en lo que piensa agradarle, avísale aquí que sea limosnera, que es decirle que, dado que le tiene mandado que sea hacendosa y aprovechada, y veladora y allegadora, pero que no quiere que sea lacerada ni escasa, ni quiere que todo el velar y adquirir sea para el arca y para la polilla, sino para la provisión y abrigo, no solo de los suyos, sino también de los necesitados y pobres, porque en ninguna manera quiere que sea avarienta. Y por eso dice elegantemente que abra la palma que la avaricia cierra, y que alargue y tienda la mano, que suele encoger la escasez.

Y dado que el ser piadoso y limosnero es virtud que conviene a todos los que se tienen por hombres, pero con particular razón las mujeres deben esta piedad a la blandura de su natural, entendiendo que, ser una mujer de entrañas duras o secas con los necesitados, es en ella más que en ningún hombre vituperable. Y no es buena excusa decir que les va a la mano el marido; porque, aunque es verdad que pertenece a él el dispensar la hacienda, pero no se entiende que, si veda a la mujer y le pone ley para que no haga otros gastos perdidos, le quiere también cerrar la puerta a lo que es piedad y limosna, a quien Dios con tan expreso mandamiento y con tan grande encarecimiento la abre. Y cuando quisiese ser aun en esto escaso el marido, la mujer, si es en lo demás cual aquí la pintamos, no debe por eso cerrar las entrañas a la limosna, que es debida a su estado, ni menos el confesor se lo vede. Porque si el marido no quiere, está obligado a querer; y su mujer, si no le obedece en su mal antojo, confórmase con la voluntad que él debe tener de razón; y en hacer esto trata con utilidad y provecho su alma dél y su hacienda; porque, lo uno, cumple con la obligación que ambos tienen de socorrer a los pobres; y lo otro, asegura y acrecienta sus bienes con la bendición que Dios, cuya palabra no puede faltar, tiene a la piedad prometida. Y porque muchos nunca se fían bien desta palabra, por eso muchos hombres son crudos y lacerados; que si se pusiesen a considerar que reciben de Dios lo que tienen, no temerían de le tornar parte dello, ni dudarían de que quien es liberal no puede jamás ser desagradecido; y quiero decir en esto, que Dios, el cual, sin haber recibido nada dellos, liberalmente los hizo ricos, si repartieren después con Él sus riquezas, se las volverá con gran logro.

Esto que he dicho, entiendo de las limosnas más ordinarias y comunes, que se ofrecen cada día a los ojos; que, en lo que fuere más grueso y más particular, la mujer no ha de traspasar la ley del marido, y en todo le ha de obedecer y servir. Y yo fío que ninguno habrá tan miserable ni malo, que si ella es de las que yo digo, tan casera, tan hacendosa, tan veladora y tan concertada en todo y aprovechada, le vede que haga bien a los pobres. Ni será ninguno tan ciego, que tema pobreza de la limosna que hace quien le enriquece la casa.

Así que, abra sus entrañas y sus brazos y manos, a la piedad la buena mujer, y muestre que su granjería nace de virtud, en no ser escasa en lo que según razón es debido. Y, como el que labra el campo, de lo que coge en él da sus primicias y diezmos a Dios, así ella, de las labores suyas y de sus criadas, aplique su parte para vestir a Dios en los desnudos y hartarle en los hambrientos, y llámele como a la parte de sus ganancias, y abra, como aquí dice, sus manos al afligido, y al menesteroso sus palmas.

Mas si dice que abra sus manos y su casa a los pobres, es mucho de advertir que no le dice que la abra generalmente a todo género de gentes. Porque, a la verdad, una de las virtudes de la buena casa y mujer, es el tener grande recato acerca de las personas que admite a su conversación y a quien da entrada en su casa; porque, debajo de nombre de pobreza, y cubriéndose con piedad, a las veces entran en las casas algunas personas arrugadas y canas, que roban la vida, y entiznan la honra, y dañan el alma de los que viven en ellas, y los corrompen sin sentir, y los emponzoñan, pareciendo que los lamen y halagan.

Sant Pablo casi señaló con el dedo a este linaje de gentes, o a algunas gentes deste linaje, diciendo: «Tienen por oficio andar de casa en casa ociosas, y no solamente ociosas, más también parleras y curiosas, y habladoras de lo que no conviene». (1 Tim, 5). Y es ello así, que las tales de ordinario no entran sino a aojar todo lo bueno que vieren, y, cuando menos mal hacen, hacen siempre este daño que es traer novelas y chismerías de fuera, y llevarlas afuera de lo que ven o les parece que ven en la casa donde entran, con que inquietan a quien las oye y les turban los corazones, de donde muchas veces nacen desabrimientos entre los vecinos y amigos, y materias de enojos y diferencias, y veces hay discordias mortales.

En las repúblicas bien ordenadas, los que antiguamente las ordenaron con leyes, ninguna cosa vedaron más que la comunicación con los extraños y de diferentes costumbres. Así Moisén, o por mejor decir, Dios por Moisén, a su pueblo escogido en mil lugares le avisan desto mismo, con encarecimiento grandísimo. Porque lo que no se ve, no se desea que, como dice el versillo griego: «Del mirar nace el amar». Y, por el contrario, lo que se ve y se trata, cuanto peor es, tanto más ligeramente, por nuestra miseria, se nos apega. Y lo que es en toda una república, eso también en una sola casa por la misma razón acontece que si los que entran en ella son de costumbres diferentes de las que en ella se usan, unos con el ejemplo, y otros con la palabra, alteran los ánimos bien ordenados, y poco a poco los desquician del bien. Y llega la vejezuela al oído, y dice a la hija y a la doncella que por qué huyen la ventana o por qué aman la almohadilla tanto que la otra Fulana y Fulana, no lo hacen así. Y enséñales el mal aderezo, y cuéntales la desenvoltura del otro, y las marañas que o vio o inventó póneselas delante, y vuélveles el juicio, y comienza a teñir con esto el pecho sencillo y simple, y hace que figure en el pensamiento lo que con solo ser pensado corrompe; y, dañado el pensamiento, luego se tienta el deseo, el cual, en encendiéndose el mal, luego se resfría en el bien, y así luego se comienza a desagradar de lo bueno y de lo concertado, y por sus pasos contados vienen a dejarlo del todo a la postre. Por donde, acerca de Eurípides, dice bien el que dice: «Nunca, nunca jamás que no me contento con decirlo una sola vez, el cuerdo y casado consentirá que entren cualesquier mujeres a conversar con la suya, porque siempre hacen mil daños. Unas, por su interés, tratan de corromper en ella la fe del matrimonio; otras, porque han faltado ellas, gustan de tener compañeras de sus faltas; otras porque saben poco y de puro nescias. Pues contra estas mujeres y las semejantes a éstas, conviénele al marido guarnecer muy bien con aldabas y con cerrojos las puertas de su casa; que jamás estas entradas peregrinas ponen en ella alguna cosa sana o buena, sino siempre hacen diversos daños». Pero veamos ya lo que después de aquesto se sigue:

Capítulo XI. No temerá de la nieve a su familia, porque toda su gente vestida con vestiduras dobladas

No es aquesta la menor parte de la virtud de aquesta perfecta casada que pintamos, ni la que da menos loor a la que es señora de su casa: el buen tratamiento de su familia y criados; antes es como una muestra donde claramente se conoce la buena orden con que todo lo demás se gobierna. Y pues le había mostrado Salomón, en lo que es antes desto, a ser limosnera con los extraños, convino que te avisase agora y le diese a entender que aqueste cuidado y piedad ha de comenzar de los suyos; porque, como dice Sant Pablo, «el que se descuida de la provisión de los que tiene en su casa, infiel es, y peor que infiel». Y aunque habla aquí Salomón del vestir, no habla solamente dél, sino, por lo que dice en este particular, enseña lo que ha de ser en todo lo demás que pertenece al buen estado de la familia. Porque, así como se sirve de su trabajo della el señor, así ha de proveer con cuidado a su necesidad, y ha de compasar con lo uno lo otro, y tener gran medida en ambas cosas, para que ni les falte en lo que han menester, ni en lo que ellos han de hacer los cargue demasiadamente, como lo avisa y declara el Sabio en el capítulo 33 del Eclesiástico. Porque lo uno es injusticia, y lo otro escasez, y todo crueldad y maldad. Y el pecar los señores y el faltar en esto con sus criados, ordinariamente nace de soberbia y de desconocerse a sí mismos los amos. Porque, si considerasen que así ellos como sus criados, son de un mismo metal, y que la fortuna que es ciega, y no la naturaleza proveída, es quien los diferencia, y que nacieron de unos mismos principios, y que han de tener un mismo fin, y que caminan llamados para unos mismos bienes; y sí considerasen que se puede volver el aire mañana, y a los que sirven agora servirlos ellos después y si no ellos, sus hijos o sus nietos, como cada día acontece, y que al fin todos, así los amos como los criados, servimos a un mismo Señor, que nos medirá como nosotros midiéremos; así que, si considerasen esto, pondrían el brío aparte, y usarían de mansedumbre, y tratarían a los criados como a deudos, y mandarlos hían como quien siempre no ha de mandar. Y aquí conviene que las mujeres hinquen los ojos más, porque se desvanecen más fácilmente, y hay tan vanas algunas, que casi desconocen su carne, y piensan que la suya es carne de ángeles, y las de sus sirvientas de perros, y quieren ser adoradas dellas, y no acordarse dellas si son nacidas; y si se quebrantan en su servicio, y si pasan sin sueño las noches, y si están ante ellas de rodillas los días, todo les parece que es poco y nada para lo que se les debe, o ellas presumen que se les ha de deber. En lo cual, demás de lo mucho que ofenden a Dios, hacen su vida más miserable de lo que ella se es, porque se hacen aborrecibles a los suyos y odiosas, un desamor que es una encarescida miseria; porque ninguna enemistad es buena, y la de los criados, que viven dentro del seno de los amos y saben los secretos de casa, y son sus ojos, y, aunque les pese, de su vida testigos, es peligrosa y pestilencial. Y de aquí ordinariamente salen las chismerías y los testimonios falsos, y las más veces los verdaderos. Y ésta es la causa por donde muchos hallan, cuando no piensan, las plazas llenas de sus secretos. Y como es peligrosa desventura hacer, de los criados fieles, crueles enemigos con no debidos tratamientos, así el tratarlos bien es, no solo seguridad, sino honra y buen nombre. Porque han de entender los señores, que son como parte de su cuerpo sus gentes, y que es como un compuesto su casa, adonde ellos son la cabeza, y la familia los miembros, y que por el mismo caso que los tratan bien, tratan bien y honradamente a su misma persona. Y como se honran de que en sus facciones y disposición no haya, ni miembro torcido, ni figura que desagrade, y como les añaden a todos sus miembros cuanto es en sí hermosura, y los procuran vestir con debido color, así se han de preciar de que en toda su gente relumbre su mucha liberalidad y bondad, por manera que los de su casa, ni estén en ella faltos, ni salgan della quejosos.

Conocí yo en aqueste reino una señora, que es muerta, o por mejor decir, que vive en el cielo, que, del caballo troyano que dicen, no salieron tantos hombres valerosos como de su casa sirvientas suyas doncellas y otras mujeres, remediadas y honradas. A la cual, como le aconteciese echar de su casa, por razón de un desconcierto, a una criada suya no tan bien remediada como las demás, le oí decir muchas veces que no se podía consolar cuando pensaba que, de las personas que Dios lo había dado que así lo decía, había salido una de su casa con desgracia y poco remedio. Y yo sé que en esta bondad gastaba muy grandes sumas, y que, haciendo estos gastos y otros de semejantes virtudes, no solo conservó y sustentó los mayorazgos de sus hijos, que estaban en su tutoría y les venían de muchos abuelos de antigua

nobleza, sino que también los acrecentó e ilustró con nuevos y ricos víncu-
los; y así era bendita de todos.

Deben, pues, amar esta bendición las mujeres de honra, y, si quieren ellas
ser estimadas y amadas, aqueste es camino muy cierto. Y no quiero decir
que todo ha de ser blandura y regalo; que bien vemos que la buena orden
pide algunas veces severidad; mas, porque lo ordinario es pecar los amos
en esto, que es ser descuidados en lo que toca al buen tratamiento de los
que los sirven, por eso hablamos dello y no hablamos de cómo los han de
ocupar, porque eso ellos se lo tienen a cargo. Síguese:

Capítulo XII. Hizo para sí aderezos de cama; holanda y púrpura en su vestido

Porque había hablado de la piedad que deben las buenas casadas al pobre, y del cuidado que deben a la buena provisión de su gente, trata agora del tratamiento y buen aderezo de sus mismas personas. Y llega hasta aquí la clemencia de Dios y la dulce manera de su providencia y gobierno, que desciende a tratar de su vestido de la casada, y de cómo ha de aderezar y asear su persona, y, condescendiendo en algo con su natural, aunque no le place el exceso, tampoco se agrada del desaliño y mal aseo, y así dice: «Púrpura y holanda es su vestido». Que es decir que, desta casada perfecta es parte también no ser en el tratamiento de su persona alguna desaliñada y remendada, sino que, como ha de ser en la administración de la hacienda granjera, y con los pobres, así por la misma forma a su persona ha de traer limpia y bien trazada, aderezándola honestamente en la manera que su estado lo pide, y trayéndose conforme a su cualidad, así en lo ordinario, como en lo extraordinario también. Porque la que con su buen concierto y gobierno da luz y resplandor a los demás de su casa, que ella ande deslucida en sí, ninguna razón lo permite. Pero es de saber por qué causa la vistió Salomón de holanda y de púrpura, que son las cosas de que en la ley vieja se hacía la investidura del gran sacerdote, porque sin duda tiene en sí algún grande misterio. Pues digo, que quiere Dios declarar en esto a las buenas mujeres, que no pongan en su persona sino lo que se puede poner en el altar, esto es, que todo su vestido y aderezo sea santo, así en la intención con que se pone, como en la templanza con que se hace. Y díceles, que quien les ha de vestir el cuerpo, no ha de ser el pensamiento liviano, sino el buen concierto de la razón; y que de la compostura secreta del ánimo, ha de nacer el buen traje exterior, y que este traje no se ha de cortar a la medida del antojo o del uso vituperable y mundano, sino conforme a lo que pide la honestidad y la vergüenza. Así que, señala aquí Dios vestido de santo, para condenar lo profano. Dice púrpura y holanda, mas no dice los bordados que se usan agora, ni los recamados, ni el oro tirado en hilos delgados. Dice vestido, mas no dice diamantes ni rubíes; pone lo que se puede tejer y labrar en casa, pero no las perlas que se esconden en el abismo del mar. Concede vestidos, pero no permite rizos, ni encrespos, ni afeites. El cuerpo se vista, pero la cabeza no se desgreñe ni se encrespe en pronóstico de su grande miseria. Y porque en esto, y señaladamente en las posturas del rostro, hay grande exceso, aun en las mujeres que en lo demás son honestas; y porque es aqueste su propio lugar, bien será que digamos algo dellos aquí.

Aunque, si va a decir la verdad, yo confieso a vuestra merced que lo que me convida a tratar desto, que es el exceso, eso mismo me pone miedo. Porque ¿quién no temerá de oponerse contra una cosa tan recibida? O ¿quién tendrá ánimo para osar persuadirles a las mujeres a que quieran parecer lo que son? O ¿qué razón sanará la ponzoña del solimán? Y no solo es dificultoso este tratado, pero es peligroso también; porque luego aborrecen a quien esto les quita. Y así, querer agora quitárselo yo, será despertar contra mí un escuadrón de enemigos. Mas ¿qué les va en que yo las condene, pues tienen tantos otros que las absuelven? Y si aman a aquellos que, condescendiendo con su gusto dellas, las dejan asquerosas y feas, muy más justo es que siquiera no me aborrezcan a mí, sino que me oigan con igualdad y atención; que cuanto agora en esto les quiero decir, será solamente enseñarles que sean hermosas, que es lo que principalmente desean. Porque yo no les quiero tratar del pecado que algunos hallan y ponen en el afeite, sino solamente quiero dárselo a conocer, demostrándoles que es un fullero engañoso, que los da al revés de aquello que les promete, y que, como en un juego que hacen los niño, así él, diciendo que las pinta, las burla y entizna, para que, conocido por tal, hagan justicia dél y le saquen a la vergüenza con todas sus redomillas al cuello. Pues yo no puedo pensar que ninguna viva en este caso tan engañada, que, ya que tenga por hermoso el afeite, a lo menos no conozca que es sucio, y que no se lave las manos con que lo ha tratado, antes que coma. Porque los materiales dél, los más son asquerosos; y la mezcla de cosas tan diferentes como son las que se casan para este adulterio, es madre de muy mal olor, lo cual saben bien las arquillas que guardan este tesoro, y las redomas y las demás alhajas dél. Y si no es suciedad, ¿por qué, venida la noche, se le quitan, y se lavan la cara con diligencia, y, ya que han servido al engaño del día, quieren pasar siquiera la noches limpias? Mas ¿para qué son razones en esto? Pues, cuando nos lo negasen, a las que nos lo negasen, les podríamos mostrar a los ojos sus dientes mismos, y sus encías negras y más sucias que un muladar, con las reliquias que en ellas ha dejado el afeite. Y, si las pone sucias, como de hecho las pone, ¿cómo se pueden persuadir que las hace hermosas? ¿No es la limpieza el fundamento de la hermosura, y la primera y mayor parte della? La hermosura allega y convida a sí, y la suciedad aparta y ahuyenta. Luego, ¿cómo podrán caber en uno lo hermoso y lo sucio? ¿Por ventura no es obra propia de la belleza parecer bien y hacer deleite en los ojos? Pues ¿qué ojos hay tan ciegos, o tan botos de vista, que no pasen con ello la tela del sobrepuesto, y que no cotejen con lo encubierto lo que se descubre, y que, viendo lo mal que dicen entre sí mismos, no se ofendan con la desproporción? Y no es menester que los ojos traspasen este velo, porque él, de sí mismo, en cobrando un poco de calor el cuerpo, se trasluce, y descúbrese por entre lo blanco un oscuro y verdinegro, y un entreazul y morado; y matízase el rostro todo, y señaladamente las cuencas de los bellísimos ojos, con una variedad de colores feísimos; y aun corren a las veces derretidas las gotas, y aran con sus arroyos la cara. Mas si dicen que acontece esto a las que no son buenas maestras, yo digo que ninguna lo es tan buena, que, si ya engañare los ojos, pueda engañar las narices. Porque el olor de los adobíos, por más que se perfumen, va delante dellas pregonando y diciendo que no es oro lo que reluce, y que todo es asco y engaño, y va como con la mano desviando la gente, en cuanto pasa la que yo no quiero nombrar.

Tomen mi consejo las que son perdidas por esto, y hagan máscaras de buenas figuras y pónganselas; y el barniz pinto el lienzo y no el cuero, y sacarán mil provechos. Lo uno, que, ya que les agrada ser falsas hermosas, quedarán a lo menos limpias. Lo otro, que no temerán que las desafeite, ni el Sol, ni el polvo, ni el aire. Y lo último, con este artificio podrán encubrir, no solo el color escuro, sino también las facciones malas. Porque cierta cosa es que la hermosura no consiste tanto en el escogido color, cuanto en que las facciones sean bien figuradas cada una por sí, y todas entre sí mismas proporcionadas. Y claro es que el afeite, ya que haga engaño en la olor, pero no puede en las figuras poner enmienda, que, ni ensancha la frente angosta, ni los ojos pequeños los engrandece, ni corrige la boca desbaratada. Pero dicen que vale mucho el buen color. Yo pregunto, ¿a quién vale? Porque las de buenas figuras, aunque sean morenas, son hermosas, y no sé si más hermosas que siendo blancas; las de malas, aunque se transformen en nieve, al fin quedan feas; mas dirán que menos feas; yo digo que más; porque, antes del barniz, si eran feas, estaban limpias, más después dél quedan feas y sucias, que es la más aborrecible fealdad de todas. Pero valga mucho el buen color, si de veras es buen color; mas éste, ni es buen color, ni casi lo es, sino un engaño de color que todos lo conocen, y una postura que por momentos se cae, y un asco que a todos ofende, y una burla que promete uno y da otro, y que afea y ensucia. ¿Qué locura es poner nombre de bien a lo que es mal, y trabajarse en su daño, y buscar con su tormento ser aborrecidas, que es lo que más aborrecen? ¿Qué es el fin del aderezo y de la cura del rostro, sino el parecer bien y agradar a los miradores? Pues ¿quién en es tan falto, que destos adobíos se agrade? O ¿quién hay que no los condene? ¿Quién es tan nescio que quiera ser engañado, o tan boto que ya no conozca este engaño? o ¿quién es tan ajeno de razón, que juzgue por hermosura del rostro lo que claramente vee que no es del rostro, lo que vee que es sobrepuesto, añadido y ajeno? Querría yo saber destas mendigantes hermosas, si tendrían por hermosa la mano que tuviese seis dedos. ¿Por ventura no la hurtarían a los ojos? ¿No harían alguna invención de guante para encubrir aquel dedo añadido? Pues ¿tienen por feo en la mano un dedo más, y pueden creer que tres dedos de enjundia sobre el rostro les es hermoso? Todas las cosas tienen una natural tasa y medida, y la buena disposición y parecer dellas consiste en estar justas en esto; y si dello les falta o les sobra algo, eso es fealdad y torpeza. De donde se concluye que, éstas de quien hablamos, añadiendo posturas y excediendo lo natural, en caso que fuesen hermosas, se tornan feas con sus mismas manos. Bien y prudentemente aconseja, acerca de un poeta antiguo, un padre a su hija, y le dice: «No tengas, hija, afición con los oros, ni rodees tu cuerpo con perlas o con jacintos, con que las de poco saber se desvanecen; ninguna necesidad tienes deste vano ornamento; ni tampoco te mires al espejo para componerte la cara, ni con diversas maneras de lazos enlaces tus cabellos, ni te alcoholes con negro los ojos, ni te colores las mejillas, que la naturaleza no fue escasa con las mujeres, ni les dio cuerpos menos hermosos de lo que se les debe o conviene».

Pues ¿qué diremos del mal del engañar y fingir, a que se hacen, y como en cierta manera se ensayan y acostumbran en esto? Aunque esta razón no es tanto para que las mujeres se persuadan que es malo afeitarse, cuanto para que los maridos conozcan cuán obligados están a no consentir que se afeiten. Porque han de entender que allí comienzan a mostrárseles otras de lo que son, y a encubrirles la verdad, y allí comienzan a tentarles la condición y hacerlos al engaño, y, como los hallaren pacientes en esto, así subirán a engaños mayores. Bien dice Aristótil en este mismo propósito, que «como en la vida y costumbres la mujer con el marido ha de andar sencilla y sin engaño, así en el rostro y en los aderezos dél ha de ser pura y sin afeite». Porque la buena, en ninguna cosa da de engañar a aquél con quien vive, si quiere conservar el amor, cuyo fundamento es la caridad y la verdad, y el no encubrirse los que se aman en nada. Que, así como no es posible mezclarse dos aguas olorosas, mientras están en sus redomas cada una, así, en tanto que la mujer cierra el ánimo con la encubierta del fingimiento, y con la postura y afeites esconde el rostro, entre su marido y ella no se puede mezclar amor verdadero. Porque, si damos caso que el marido la ame así, claro es que no ama a ella en este caso, sino a la máscara pintada que se parece, y es como si amase en la farsa al que representa una doncella hermosa. Y por otra parte, ella, viéndose amada desta manera, por el mismo caso no le ama a él, antes le comienza a tener en poco, y en el corazón se ríe dél y le desprecia, y conoce cuán fácil es engañarle, y al fin le engaña y le carga. Y esto es muy digno de considerar, y más lo que se sigue tras esto, que es el daño de la consciencia y la ofensa de Dios, que aunque prometí no tratarlo, pero al fin la consciencia me obliga a quebrantar lo que puse.

Y no les diga nadie, ni ellas se lo persuadan a sí, que, o no es pecado, o es muy ligero pecado, porque es tan al revés, que él en sí, pecado grave, anda acompañado de otros muchos pecados, unos que nacen dél y otros de donde él nace. Porque, dejado aparte el agravio que hacen a su mismo cuerpo, que no es suyo, sino del Spíritu Santo que le consagró para sí en el bautismo, y que por la misma causa ha de ser tratado como templo santo, con honra y respeto; así que, aunque pasemos callando por este agravio que hacen a sus miembros, atormentándolos y ensuciándolos en diferentes maneras, y aunque no digamos la injuria que hacen a su formador y criador, haciendo enmienda en su obra y como reprehendiendo, o a lo menos no admitiendo su acuerdo y consejo (porque sabida cosa es que, lo que hace Dios, o feo o hermoso, es a fin de nuestro bien y salud); así que, aunque callemos esto que las condena, el fin que ellas tienen, y lo que las mueve o incita a este oficio, por más que ellas lo doren y apuren, ni se puede apurar ni callar. Porque, pregunto, ¿por qué la casada quiere ser más hermosa de lo que su marido quiere que sea? ¿Qué pretende afeitándose a su pesar? ¿Qué ardor es aquel que le menea las manos para acicalar el cuero como arnés, y poner en arco las cajas? ¿Adónde amenaza aquel arco, y aquel resplandor a quién ha de cegar? El colorado y el blanco, y el rubio y dorado, y aquella artillería toda, ¿qué pide?, ¿qué desea?, ¿qué vocea? No pregunta sin causa el cantarcillo común, ni es más castellano que verdadero: «¿Para qué se afeita la mujer casada?». Y torna a la pregunta, y repite la tercera vez, preguntando: «¿Para qué se afeita?». Porque, si va a decir la verdad, la respuesta de aquel para qué es amor propio desordenadísimo, apetito insaciable de vana excelencia, codicia fea, deshonestidad arraigada en el corazón, adulterio, ramería, delicto que jamás cesa. ¿Qué pensáis las mujeres que es afeitaros? Traer pintado en el rostro vuestro deseo feo. Mas no todas las que os afeitáis deseáis mal. Cortesía es creerlo. Pero si con la tez del afeite no descubrís vuestro mal deseo, a lo menos despertáis el ajeno. De manera que, con esas posturas sucias, o publicáis vuestra sucia ánima, o ensuciáis la de aquellos que os miran.

Y todo es ofensa de Dios. Aunque no sé yo qué ojos os miran, que, si bien os miran, no os aborrezcan. ¡Oh asco, oh hedor, oh torpeza! Mas ¡qué bravo! dirán algunas. No estoy bravo, sino verdadero. Y si tales son los padres de quien aqueste desatino nace, ¿cuáles serán los frutos que dél proceden, sino enojos y guerra continua, y sospechas mortales, y lazos perdidos, y peligros, y caídas, y escándalos, y muerte, y asolamiento miserable? Y si todavía les parezco muy bravo, oigan ya, no a mí, sino a Sant Cipriano, las que lo dicen, el cual dice desta manera:

«En este lugar, el temor que debo a Dios, y el amor de la caridad, que me junta con todos, me obliga a que avise, no solo a las vírgenes y a las viudas, sino a las casadas también, y universalmente a todas las mujeres, que en ninguna manera conviene ni es lícito adulterar la obra de Dios y su hechura, añadiéndole o color rojo, o alcohol negro, o arrebol colorado, o cualquiera compostura que mude o corrompa las figuras naturales. Dice Dios: «Hagamos al hombre a la imagen y semejanza nuestra», ¿y osa alguna mudar en otra figura los que Dios hizo? Las manos ponen en el mismo Dios, cuando lo que Él formó lo procuran ellas reformar y desfigurar. Como si no supiesen que es obra de Dios todo lo que nace, y del demonio todo lo que se muda de su natural. Si algún grande pintor retratase, con colores que llegasen a lo verdadero, las facciones y rostro de alguno, con toda la demás disposición de su cuerpo, y acabado ya y perficionado el retrato, otro quisiese poner las manos en él, presumiendo de más maestro, para reformar lo que ya estaba formado y pintado, ¿paréceos que tendría el primero justa y grave causa para indignarse? Pues ¿piensas tú no ser castigada por una osadía de tan malvada locura, por la ofensa que haces al divino Artífice? Porque, dado caso que por la alcahuetería de los afeites no vengas a ser con los hombres deshonesta y adúltera, habiendo corrompido y violado lo que hizo en ti Dios, convencida quedas de peor adulterio. Eso que pretendes hermosearte, eso que procuras adornarte, contradicción es que haces contra la obra de Dios, y traición contra la verdad. Dice el Apóstol, amonestándonos: «Desechad la levadura vieja, para que seáis nueva masa, así como sois sin levadura, porque nuestra pascua es Cristo sacrificado. Así que, celebremos la fiesta, no con la levadura vieja, ni con la levadura de malicia y de tacañería, sino con la pureza de sencillez y verdad». ¿Por ventura guardas esta sencillez y verdad cuando ensucias lo sencillo con adulterinos colores, y mudas en mentiras lo verdadero con posturas de afeites? Tu Señor dice que no tienes poder para tornar blanco o negro uno de tus cabellos; y tú pretendes ser más poderosa, para sobrepujar lo que tu Señor tiene dicho, con pretensión osada y con sacrílego menosprecio. Enrojas tus cabellos, y, en mal agüero de lo que te está por venir, les comienzas a dar color semejante al del fuego, y pecas con grave maldad en tu cabeza, esto es, en la parte más principal de tu cuerpo y como del Señor esté escrito que su cabeza y sus cabellos eran blancos como la nieve, tú maldices lo cano y abominas lo blanco, que es semejante a la cabeza de Dios. Ruégote, la que esto haces: ¿no temes, en el día de la resurrección, cuando venga, que el Artífice que te crió no te reconozca; que, cuando llegues a pedirle sus promesas y premios, te deseche, aparte y excluya; que te diga, con fuerza y severidad de juez: «Esta obra no es mía ni es la nuestra esta imagen; ensuciaste la tez con falsa postura, demudaste el cabello con deshonesto color, hiciste guerra y venciste a tu cara, con la mentira corrompiste tu rostro, tu figura no es esa»? «No podrás ver a Dios, pues no traes los ojos que Dios hizo en ti, sino los que te inficionó el demonio; tú le has seguido; los ojos pintados y relumbrantes de la serpiente has en ti remedado; figurástete dél y arderás juntamente con él».

Hasta aquí son palabras de Sant Cipriano. Y Sant Ambrosio habla no menos agriamente que él, y dice así:

«De aquí nace aquello que es vía e incentivo de vicios, que las mujeres, temiendo desagradar a los hombres, se pintan las caras con colores ajenos, y, en el adulterio que hacen de su cara, se ensayan para el adulterio que desean hacer de su persona. Mas ¿qué locura aquesta tan grande, desechar el rostro natural y buscar el pintado? Y mientras temen de ser condenadas de sus maridos por feas, condénanse por tales ellas a sí mismas; porque la que procura mudar el rostro con que nació, por el mismo caso da sentencia ella contra sí y lo condena por feo; y mientras procura agradar a los otros, ella misma a sí se desagrada primero. Di, mujer, ¿qué mejor juez de tu fealdad podemos hallar que a ti misma, pues temes ser vista cual eres? Si eres hermosa, ¿por qué con el afeite te encubres? Si fea y disforme, ¿por qué te nos mientes hermosa, pues ni te engañas a ti, ni del engaño ajeno sacas fruto? Porque el otro, en ti, afeitada, no ama a ti, sino a otra, y tú no quieres como otras ser amada. Enséñasle en ti a serte adúltero, y, si pone en otra su amor, recibes pena y enojo. Mala maestra eres contra ti misma. Más tolerable en parte es ser adúltera, que andar afeitada; porque allí se corrompe la castidad, y aquí la misma naturaleza».

Éstas son palabras de Sant Ambrosio. Pero entre todos, Sant Clemente Alejandrino es el que escribe más extendidamente, diciendo (Libro III del Pedagogo, cap. 2):

«Las que hermosean lo que se descubre, y lo que está secreto lo afean, no miran que son como las composturas de los egipcios, los cuales adornan las entradas de sus templos con arboledas, y ciñen sus portales con muchas más columnas, y edifican los muros dellos con piedras peregrinas, y los pintan con escogidas pinturas, y los mismos templos los hermosean con plata y con mármoles traídos desde Etiopía. Y los sagrarios de los templos los cubren con planchas de oro; mas en lo secreto dellos, si alguno penetrare allá, y si, con priesa de ver lo escondido, buscare la imagen del dios que en ellos mora, y si la guarda dellos o algún otro sacerdote con vista grave, y cantando primero algún himno en su lengua, y descubriendo apenas un poco de velo, le mostrare la imagen, es cosa de grandísima risa ver lo que adoran; porque no hallaréis en ellos algún dios como esperábades, sino un gato, o un cocodrilo, o alguna sierpe de las de la tierra, o otro animal semejante, no digno de templo, sino dignísimo de cueva o escondrijo, o de cieno, que, como un poeta antiguo les dijo:

Son fieras sobre púrpura asentadas
los dioses a quien sirven los gitanos.

»Tales, pues, me parecen a mí las mujeres que se visten de oro, y se componen los rizos, y se untan las mejillas, y se pintan los ojos, y se tiñen los cabellos, y que ponen toda su mala arte en este aderezo muelle y demasiado, y que adornan este muro de carne, y hacen verdaderamente como en Egipto, para atraer a sí a los desventurados amantes. Porque si alguno levantase el velo del templo, digo, si apartase las tocas, la tintura, el bordado, el oro, el afeite, esto es, el velo y la cobertura compuesta de todas aquestas cosas, por ver si hallaría dentro lo que de veras es hermoso, abominaríalas, a lo que yo entiendo, sin duda. Porque no hallara en su secreto dellas por moradora, según que era justo, a la imagen de Dios, que es lo más digno de precio, mas hallara que en su lugar ocupa una fornicaria y una adúltera lo secreto del alma, y averiguara que es verdadera fiera, mona de albayalde afeitada o sierpe engañosa, que, tragando lo que es de razón en el hombre por medio del deseo del vano aplacer, tienen el alma por cueva; adonde, mezclando toda su ponzoña mortal, y rebosando el tóxico de su engaño y error, trueca a la mujer en ramera aqueste dragón alcahuete; porque el darse al afeite, de ramera es, y no de buena mujer, lo cual se vee claro, porque las que con esto tienen cuenta, no la tienen jamás con sus casas. Su cuenta es desenlazar las bolsas de sus maridos, y el consumirles las haciendas en sus vanos antojos, y, para que testifiquen muchos que parecen hermosas, el ocuparse, asentadas todos los días al arte del afeitarse, con personas alquiladas a ello. Así que, procuran de guisar bien su carne, como cosa desabrida y de mala vista; y entre día, por el afeite, se están deshaciendo en su casa, con temor que no se les eche de ver que es postiza la flor; mas, venida la tarde, como de cueva, luego se hace afuera aquesta adulterada hermosura, a quien ayuda entonces, para ser tenida en algo, la embriaguez y la falta de luz. Menandro el poeta lanza de su casa a la mujer que se enrubia, y dice:

Ve fuera de esta casa; que la buena
no trata de hacer rubios los cabellos.

»Y no dice que se barnizaba la cara, ni menos que se pintaba los ojos. Mas las miserables no veen que, con añadir lo postizo, destruyen lo hermoso, natural y propio, y no veen que, matizándose cada día, y estirándose el cuero y emplastándose con mezclas diversas, secan el cuerpo y consumen la carne, y con el exceso de los corrosivos marchitan la flor propia, y así vienen a tomarse amarillas y hacerse dispuestas y fáciles a que la enfermedad se las lleve, por tener con los afeites la carne que se sobrepintan gastada, y vienen a deshonrar al Fabricador de los hombres, como a quien no repartió la hermosura como debía; y son con razón inútiles para cuidar por su casa, porque son como cosas pintadas, asentadas para no más de ser vistas, y no hechas para ser caseras cuidadosas. Por lo cual, aquella bien considerada mujer acerca del poeta cómico, dice:

«¿Qué hecho podremos hacer las mujeres que de precio sea o de valor, pues repintándonos y enfloreciéndonos cada día, borramos de nosotras mismas la imagen de las mujeres valerosas, y no servimos sino de trastos de casa, y de estropiezos para los maridos, y de afrenta de nuestros hijos?».

»Y asimismo Antífanes, escritor también de comedias, mofa de aquesta perdición de mujeres, poniendo las palabras que convienen a lo que comúnmente todas hacen, y dice:

«Llega, pasa, toma, no se pasa, viene, para, límpiase, revuelve, relímpiase, péinase, sacúdese, friégase, lávase, espéjase, vístese, almízclase, aderézase, rocíase con colores, y al fin, si hay algo que no, ahógase y mátase».

»Merecedoras no de una, sino de doscientas mil muertes, que se coloran con las freces del cocodrilo, y se untan con la espuma de la hediondez, y que para las albéñolas hacen hollín, y albayalde para embarnizar las mejillas.

»Pues las que así enfadan a los poetas gentiles, la verdad ¿cómo las deshechará y condenará? Pues Alexi, otro cómico, ¿qué dice dellas reprehendiéndolas? Que pondré lo que dijo, procurando avergonzar con la curiosidad de sus razones su desvergüenza perpetua, sino que no pudo llegar a tanto su buen decir, y verdaderamente que yo me avergonzaría, si pudiese defenderlas con alguna buena razón, de que las tratase así la comedia. Pues dice:

«Demás desto, acaban a sus maridos, porque su primero y principal cuidado es el sacarles algo, y el pelar a los tristes mezquinos; ésta es su obra, y todas las demás en su comparación le son accesorias. ¿Es por ventura alguna dellas pequeña? Embute los chapines de corcho. ¿Es otra muy luenga? Trae una suela sencilla y anda la cabeza metida en los hombros, y hurta esto al altor. ¿Es falta de carnes? Afórrase de manera que todos dicen que no hay más que pedir. ¿Crece en barriga? Estréchase con fajas, como si trenzase el cabello, con que va derecha y cenceña. ¿Es sumida de vientres? Como con puntales hace la ropa adelante. ¿Es bermeja de cejas? Encúbrelas con hollín. ¿Es acaso morena? Anda luego el albayadle por alto. ¿Es demasiadamente muy blanca? Friégase con la tez del humero. ¿Tiene algo que sea hermoso? Siempre lo trae descubierto, pues que si los dientes son buenos, forzoso es que ande riendo; y para que vean todos que tiene gentil boca, aunque no esté alegre, todo el santo día se ríe, y trae entre los dientes siempre algún palillo de murta delgado, para que, quiera que no, en todos tiempos esté abierta la boca».

»Esto he alegado de las letras profanas, como para remedio de este mal artificio y deseo excesivo del afeite, porque Dios procura nuestra salud por todas las vías posibles; mas luego apretaré con las letras sagradas, que, al malo público, natural le es apartarse de aquello en que peca, siendo reprehendido por la vergüenza que padece. Pues, así como los ojos vendados o la mano envuelta en emplastos, a quien lo vee hace indicio de enfermedad, así el color portizo y los afeites de fuera dan a entender que el alma en lo de dentro está enferma.

»Amonesta nuestro divino Ayo y Maestro que no lleguemos al río ajeno, figurando por el río ajeno la mujer destemplada y deshonesta, que corre para todos, y que para el deleite de todos se derrama con posturas lascivas. «Contiénete, dice, del agua ajena, y de la fuente ajena no bebas»; amonestándonos que huyamos la corriente de semejante deleite, si queremos vivir luengamente; porque el hacerlo así añade años de vida.

»Grandes vicios son los del comer y beber; pero no tan grandes, con mucha parte, como la afición excesiva del aderezo y afeite; porque para satisfacer al gusto, la mesa llena basta, y la taza abundante, más a las aficionadas a los oros, a los carmesíes y a las piedras preciosas, no les es suficiente, ni el oro que hay sobre la tierra o en sus entrañas della, ni la mar de Tiro, ni lo que viene de Etiopía, ni el río Pactolo, que corre oro, ni aunque se transforme en Midas, quedarán satisfechas algunas dellas, sino pobres siempre y deseando más siempre, aparejadas a morir con el haber.

»Y si es la riqueza ciega, como de veras lo es, las que tienen puesta en ella toda su afición y sus ojos, ¿cómo no serán ciegas? Y es que, como no ponen término a su mala cobdicia, vienen a dar en licencia desvergonzada, porque les es necesario el teatro, y la procesión, y la muchedumbre de los miradores, y el vaguear por las iglesias, y el detenerse en las calles para ser contempladas de todos, porque cierto es que se aderezan para contentar a los otros.

»Dice Dios por Hieremías: «Aunque te rodees de púrpura, y te enjoyes con oro, y te pintes los ojos con alcohol, vana es tu hermosura».

»Mas ¿qué desconcierto tan grande que el caballo y el pájaro y los demás animales todos, de la hierba y del prado, salgan alindados cada uno con su propio aderezo, el caballo con crines, el pájaro con pinturas diversas, y todos con su color natural, y que la mujer, como de peor condición que las bestias, se tenga a sí misma en tanto grado por fea, que haya menester hermosura postiza, comprada y sobrepuesta?

»Preciadoras de lo hermoso del rostro, y no cuidadosas de lo feo del corazón; porque sin duda, como el hierro en la cara del esclavo muestra que es fugitivo, así las floridas pinturas del rostro son señal y pregón de ramera. Porque los volantes y las diferencias de los tocados, y las invenciones del coger los cabellos, y los visajes que hacen dellos, que no tienen número, y los espejos costosos, a quien se aderezan, para cazar a los que, a manera de niños ignorantes, hincan los ojos en las buenas figuras, cosas son de mujeres raídas, tales, que no se engañará quien peor las nombrare, transformadoras de sus caras en máscaras.

»Dios nos avisa que no atendamos a lo que parece, sino a lo que se encubre; porque es lo que se vee temporal, y lo que no, sempiterno; y ellas locamente inventan espejos, adonde, como si fuera alguna obra loable, se vea su artificiosa figura, a cuyo engaño le venía mejor la cubierta y el velo. Que, como cuenta la fábula, a Narciso no le fue útil el haber contemplado su rostro. Y si veda Moisén a los hombres que no hagan alguna imagen, competiendo en el arte con Dios, ¿cómo les será a las mujeres lícito en sus mismas caras formar nuevos gestos en revocación de lo hecho?

»Al profeta Samuel, cuando Dios le envió a ungir en rey a uno de los hijos de Jessé, pareciéndole que era el más anciano dellos de hermoso y dispuesto, y queriéndole ungir, díjole Dios: «No mires a su rostro, ni atiendas a su buena disposición de ese hombre, que le tengo desechado; que el hombre mira a los ojos, y Dios tiene cuenta con el corazón». Y así, el Profeta no ungió al hermoso de cuerpo, sino consagró al hermoso de ánimo.

»Pues si la belleza de cuerpo, aun aquella que es natural, tiene Dios en tanto menos que la belleza del alma, ¿quién juzgará de la postiza y fingida el que todo lo falso desecha y aborrece?

»En fe caminamos, y no en lo que es evidente a la vista. Manifiestamente nos enseño en Abraham el Señor que ha de menospreciar quien lo siguiere la parentela, la tierra, la hacienda, y riquezas y bienes visibles. Hízole peregrino, y luego que despreció su natural y el bien que se vía, le llamó amigo suyo; y era Abraham noble en tierra y muy abundante en riqueza, que, como se lee, cuando venció a los reyes que prendieron a Lot, armó de sola su casa trescientas y diez y ocho personas.

»Sola es Ester la que hallamos haberse aderezado sin culpa, porque se hermoseó con misterio y para el rey su marido; demás de que aquella su hermosura fue rescate de toda una gente condenada a la muerte; y así, lo que se concluye de todo lo dicho es que el afeitarse y el hermosearse, a las mujeres hace rameras y a los hombres hace afeminados y adúlteros, como el poeta trágico lo dio bien a entender, cuando dijo:

De Frigia vino a Esparta el que juzgara,
según lo dice el cuento de los Griegos,
las diosas; hermosísimo en vestido,
en oro reluciente, y rodeado
de traje barbaresco y peregrino.
Amó, y partióse así, llevando hurtada
a quien también lo amaba, al monte de Ida,
estando Menelao de casa ausente.

»¡Oh belleza adúltera! El aderezo bárbaro trastornó a toda Grecia. A la honestidad de Lacedemonia corrompió la vestidura, la policía y el rostro. El ornamento excesivo y peregrino hizo ramera a la hija de Júpiter. Mas en aquéllos no fue gran maravilla, que no tuvieron maestro que les cercenase los deseos viciosos, ni menos quien les dijese: «No fornicarás ni desearás fornicar»; que es decir: «No caminarás al fornicio con el deseo, ni encenderás su apetito con el afeite, ni con el exceso del aderezo demasiado».

Hasta aquí son palabras de Sant Clemente. Y Tertuliano, varón doctísimo y vecino a los Apóstoles, dice:

«Vosotras tenéis obligación de agradar a solos vuestros maridos. Tanto más los agradaréis a ellos, cuanto menos procuráredes perecer bien a los otros. Estad seguras. Ninguna a su marido le es fea; cuando le escogió, se agradó, porque o sus costumbres o su figura se la hicieron amable. No piense ninguna que si se compone templadamente la aborrecerá o desechará su marido, que todos los maridos apetecen lo casto. El marido cristiano no hace caso de la buena figura, porque no se ceba de lo que los gentiles se ceban; el gentil, en ser cosa nuestra la tiene por sospechosa, por el mal que de nosotros juzga. Pues dime, tu belleza ¿para quién la aderezas, si ni el gentil la cree ni el cristiano la pide? ¿Para qué te desentrañas por agradar al receloso o al no deseoso? Y no digo esto por induciros a que seáis algunas desaliñadas y fieras, ni os persuado al desaseo; sino dígoos lo que pide la honestidad, el modo, el punto, la templanza con que aderezaréis vuestro cuerpo. No habéis de exceder de lo que el aderezo simple y limpio se debe, de lo que agrada al Señor: porque sin duda lo ofenden las que se untan con unciones de afeites el rostro, las que manchan con arrebol las mejillas, las que con hollín alcoholan los ojos; porque sin dubda les desagrada lo que Dios hace, y arguyen en sí mismas de falta a la obra divina; reprehenden al Artífice que a todos nos hizo. Reprehéndenle, pues le enmiendan, pues le añaden. Que estas añadiduras témanlas del contrario de Dios, esto es, del demonio, porque ¿quién otro será maestro de mudar la figura del cuerpo sino el que transformó en malicia la imagen del alma? Él sin duda es el que compuso este artificio, para en nosotros poner en Dios las manos en cierta manera.

»Lo con que se nasce, obra de Dios es; luego, lo que se finge y artiza, obra será del demonio. Pues ¿qué maldad a la obra de Dios sobreponer lo que ingenia el demonio? Nuestros criados no toman, ni prestado, de los que nos son enemigos; el buen soldado no desea mercedes del que a su capitán es contrario, que es aleve encargarse del enemigo de aquel a quien sirve; ¿y recibirá ayuda y favor de aquel malo el cristiano, que si ya le llamo bien con tal nombre, si es ya de Cristo, porque más es de aquel cuyas enseñanzas aprende?

»Mas, ¡cuán ajena cosa es de la enseñanza cristiana, de lo que profesáis en la fe, cuán indigno del nombre de Cristo, traer cara postiza, las que se os mandó que en todo guardéis sencillez; mentir con el rostro, las que se os veda mentir con la lengua; apetecer lo que no se os da, las que os debéis abstener de lo ajeno; buscar el parecer bien, las que tenéis la honestidad por oficio! Creedme, benditas; mal guardaréis lo que Dios os manda, pues no conserváis las figuras que os pone. Y aún hay quien con azafrán muda de su color los cabellos. Afréntase de su nación; duélense por no haber nacido alemanas o inglesas, y así procuran desnaturalizarse en el cabello siquiera. Mal agüero se hacen, colorando su cabeza de fuego. Persuádense que les está bien lo que ensucian. Y cierto, las cabezas mismas padecen daño con la fuerza de las lejías. Y cualquier agua, aunque sea pura, acostumbrada en la cabeza, destruye el celebro, y más el ardor del Sol con que secan el cabello y le avivan. ¿Qué hermosura puede haber en daño semejante, o qué belleza en una suciedad tan enorme? Poner la cristiana en su cabeza aza-frán, es como ponerlo al ídolo en el altar; porque en todo lo que se ofrece a los espíritus malos, sacados los usos necesarios y saludables a que Dios lo ordenó, el usar dello puede ser habido por cultura de ídolos. Mas dice el Señor: «¿Quién de vosotras puede mudar su cabello, o de negro en blanco, o de blanco en negro?». ¿Quién? Estas que desmienten a Dios. «Veis, dicen, en lugar de hacerle de negro blanco, le hacemos rubio, que es mudanza más fácil». Demás de que también procuran de mudarlo de blanco en negro, las que les pesa de haber llegado a ser viejas. ¡Oh desatino, oh locura, que se tiene por vergonzosa la edad deseada, que no se esconde el deseo de hurtar de los años, que se desea la edad pecadora, que se repara y se remienda la ocasión del mal hacer! Dios os libre, a las que sois hijas de la sabiduría, de tan gran necedad. La vejez se descubre más cuando más se procura encubrir. ¿Ésa debe ser sin dubda la eternidad que se nos promete, traer moza la cabeza?, ¿ésa la incorruptibilidad de que nos vestiremos en la casa de Dios? ¿La que da la inocencia? Bien os dais priesa al Señor, bien os apresuráis por salir deste malvado siglo, las que tenéis por feo el estar vecinas a la salida. A lo menos, decidme, ¿de qué os sirve esta pesadumbre de aderezar la cabeza? ¿Por qué no se les permite que reposen a vuestros cabellos, ya trenzados, ya sueltos, ya derramados, ya levantados en alto? Unas gustan de recogerlos en trenzas, otras los dejan andar sin orden y que vuelen ligeros, con sencillez nada buena; otras, demás desto, les añadís y apegáis no sé qué mostrosas demasías de cabellos postizos, formados a veces como chapeo, o como vaina de la cabeza, o como cobertera de vuestra mollera, a veces echados a las espaldas, o sobre la cerviz empinados. ¡Maravilla es cuanto procuráis estrellaros con Dios, contradecir sus sentencias! Sentenciado está que ninguno pueda acrecentar su estatura. Vosotras, si no a la estatura, a lo menos añadís al peso, poniendo también sobre vuestras caras y cuellos no sé qué costras de saliva y de masa. Si no os avergonzáis de una cosa tan desmedida, avergonzaos siquiera de una cosa tan sucia. No pongáis, como iguales, sobre vuestra cabeza sancta y cristiana, los despojos de otra cabeza por ventura sucia, por ventura criminosa y ordenada al infierno. Antes, alanzad de vuestra cabeza libre esa como postura servil. En balde os trabajáis por parecer bien tocadas, en balde oía servía en el cabello de los maestros que mejor los aderezan, que el Señor manda que los cubráis. Y creo que lo mandó porque algunas de vuestras cabezas jamás fuesen vistas. Plega a Él que yo, el más miserable de todos, en aquel público y alegre día del regocijo cristiano, alce la cabeza, siquiera puesto a vuestros pies, que entonces veré si resucitáis con albayalde, con colorado, con azafrán, con estos rodetes de la cabeza, y veré si a la que saliere así pintada, la subirán los ángeles en las nubes al recebimiento de Cristo. Si son estas cosas buenas, si son de Dios, también entonces se vendrán a los cuerpos y resucitarán, y cada una conocerá su lugar. Pero no resucitarán más de la carne y el espíritu puros. Luego las cosas que ni resucitarán con el espíritu ni con la carne, porque no son de Dios, condenadas cosas son. Absteneos, pues, de lo que es condenado. Tales os vea Dios agora, cuales os ha de ver entonces.

»Mas diréis que yo, como varón y como de linaje contrario, vedo lo lícito a las mujeres como si permitiese yo algo de esto a los hombres. Por ventura el temor de Dios y el respeto de la gravedad que se debe, ¿no quita muchas cosas a los varones también? Porque, sin ninguna dubda, así a los varones por causa de las mujeres, como a las mujeres por contemplación de los hombres, les nace de su naturaleza viciosa el deseo de bien parecer. Que también nuestro linaje sabe hacer sus embustes: sabe atusarse la barba, entresacarla, ordenar el cabello, componerle y dar color a las canas; quitar, luego que comienza a nascer, el vello del cuerpo, pintarle en partes con afeites afeminados, y en partes alisarle con polvos de cierta manera: sabe consultar el espejo en cualquiera ocasión, mirarse en él con cuidado.

»Mas la verdad es que el conocimiento que ya profesamos de Dios, y el despojo del desear aplacer, y la pausa que prometemos de los excesos viciosos, huye destas cosas todas, que en si no son de fruto, y a la honestidad hacen notable daño. Porque, adonde Dios está, allí está la limpieza, y con ella la gravedad, ayudadora y compañera suya. Pues ¿cómo seremos honestos, si no curamos de lo que sirve a la honestidad como propio instrumento, que es el de ser graves? O ¿cómo conservaremos la gravedad, maestra de lo honesto y de lo casto, si no guardamos lo severo, ansí en la cara como en el aderezo, como en todo lo que en nuestro cuerpo se vee? Por lo cual, también en los vestidos poned tasa con diligencia, y desechad de vosotras y dellos las galas demasiadas, porque, ¿qué sirve traer el rostro honesto y aderezado con la sencillez que pide nuestra profesión y doctrina, y lo de más del cuerpo rodeado de esas burlerías de ropas ajironadas y pomposas y regaladas? Que fácil es de ver cuán junta anda esa pompa con la lascivia, y cuán apartada de las reglas honestas, pues ofrece el apetito de todos la gracia del rostro, ayudada con el buen atavío; tanto, que si esto falta, no agrada aquello, y queda como descompuesto y perdido. Y al revés, cuando la belleza del rostro falta, el lucido traje cuasi suple por ella. Aun a las edades quietas ya y metidas en el puerto de la templanza, las galas de los vestidos lucidos y ricos las sacan de sus casillas, e inquietan con ruines deseos su madurez grave y severa, pesando más el sainete del traje que la frialdad de los años.

»Por tanto, benditas, lo primero, no déis entradas en vosotras a las galas y riquezas de los vestidos, como a rufianes que sin dubda son y alcahuetes; lo otro, cuando alguna usare de semejantes arreos, forzándola a ello, o su linaje, o sus riquezas, o a la dignidad de su estado, use dellos con moderación cuando le fuere posible, como quien profesa castidad y virtud, y no dé riendas a la licencia con color que le es fuerza; porque, ¿cómo podemos cumplir con la humildad que profesamos los que somos cristianos, si no cubijáis como con tierra el uso de vuestras riquezas y galas que sirve a la vanagloria? Porque la vanagloria anda con la hacienda. Mas diréis: "¿No tengo de usar de mis cosas?" ¿Quién os lo veda que uséis? Pero usad conforme al Apóstol, que nos enseña que usemos deste mundo como si no usásemos de él. Porque, como dice. "Todo lo que en él se parece, vuela. Los que compraren, dice, compren como si no poseyesen". Y esto ¿por qué? Porque había dicho primero: "El tiempo se acaba". Y si el Apóstol muestra que aun las mujeres han de ser tenidas como si no se tuviesen, por razón de la brevedad de la vida, ¿qué será de estas sus vanas alhajas? ¿Por ventura muchas no lo hacen así, que se ponen en vida casta por el reino del cielo, privándose de su voluntad del deleite permitido y tan poderoso? ¿No se ponen entredicho algunos de las cosas que Dios cría, y se contienen del vino, y se destierran del comer carne, aunque pudieran gozar dello sin peligro ni solicitud, pero hacen sacrificio a Dios de la afición de sí mismo, en la abstinencia de los manjares? Harto habéis gozado ya de vuestras riquezas y regalos; harto del fruto de vuestros dotes. ¿Habéis por caso olvidado lo que os enseña la voz de salud? Nosotros somos aquellos en quien vienen a concluirse los siglos; nosotros a los que, siendo ordenados de Dios antes del mundo, para sacar provecho y para dar valor a los tiempos, nos enseña Él mismo que castiguemos, o, como si dijésemos, que castremos el siglo; nosotros somos la circunscisión general de la carne y del espíritu, porque cercenamos todo lo seglar de alma y del cuerpo. ¿Dios sin duda nos debió de enseñar cómo se cocerían las lanas, o en el zumo de las yerbas, o en la sangre de las ostras? ¿Olvidósele, cuando lo crió todo, mandar que nasciesen ovejas de color de grana o moradas? ¿Dios debió de inventar los telares do se tejen y labran las telas, para que labrasen y tejiesen telas delicadas o ligeras, y pesadas en solo el precio? ¿Dios debió de sacar a luz tantas formas de oro para luz y ornamento de las piedras preciosas? ¿Dios enseñaría horadar las orejas con malas heridas, sin tener respecto al tormento de su criatura ni al dolor de la niñez, que entonces se comienza a doler, para que de aquellos agujeros del cuerpo, soldadas ya las heridas, cuelguen no sé qué malos granos? Los cuales los Partos se engieren por todo el cuerpo en lugar de hermosura; y aún hay gentes que al mismo oro, de que hacéis honra y gala vosotras, le hacen servir de prisiones, como en los libros de los gentiles se escribe. De manera que estas cosas, por ser raras, son buenas, y no por sí. La verdad es que los ángeles malos fueron los que las enseñaron; ellos descubrieron la materia, y los mismos demostraron el arte. Júntase con el ser raro la delicadez del artificio, y de allí nació el precio, y del precio la mala codicia que dello las mujeres tienen, las cuales se pierden por lo precioso y costoso. Y porque estos mismos ángeles que descubrieron los metales ricos, digo la plata y el oro, y que enseñaron cómo se debían labrar, fueron también maestros de las tinturas con que los rostros se embellecen y se coloran las lanas, por eso fueron condenados de Dios, como en Enoch se refiere.

»Pues ¿en qué manera agradaremos a Dios, si nos preciamos de las cosas de aquellos que despertaron contra sí la ira y el castigo de Dios? Mas háyalo Dios enseñado, háyalo permitido; nunca Esaías haya dicho mal de las púrpuras, de los joyeros; nunca haya embotado las ricas puntas de oro; pero no por eso, haciendo lisonja a nuestro gusto, como los gentiles lo hacen, debemos tener a Dios por maestro y por inventor destas cosas, y no por juez y pesquisidor del uso dellas. ¡Cuánto mejor y con más aviso andaremos si presumiéramos que Dios lo proveyó todo y lo puso en la vida para que hubiese en ella alguna prueba de la templanza de los que le siguen, de manera que, en medio de la licencia del uso, se viese por experiencia el templado! ¿Por ventura los señores que bien gobiernan sus casas, no dejan de industria algunas cosas a sus criados, y se las permiten, para experimentar en qué manera usan dellas, si moderadamente, si bien, pues que loado es allí el que se abstiene de todo, el que se recela de la condescendencia del amo? Así, pues, como dice el Apóstol, "todo es lícito, pero no edifica todo". El que se recelare en lo lícito, ¡cuánto mejor temerá lo vedado! Decidme qué causa tenéis para mostraros tan enjaezadas, pues estáis apartadas de lo que a las otras las necesita; porque, ni vais a los templos de los ídolos, ni salís a los juegos públicos, ni tenéis que ver con los días de fiesta gentiles; que siempre por causa destos ayuntamientos, y por razón de ver y de ser vistas, se sacan a plaza las galas, o para que negocie lo deshonesto, o para que se engría lo altivo, o para hacer el negocio de la deshonestidad, o para fomentar la soberbia.

»Ninguna causa tenéis, para salir de casa, que no sea grave y severa, que no pida estrechez y encogimiento; porque, o es visita de algún fiel enfermo, o es ver la misa, o el oír la palabra de Dios. Cada cosa destas es negocio santo y grave, y negocio para que no es menester vestido y aderezo, ni extraordinario, ni polido, ni disoluto. Y si la necesidad de la amistad o de las buenas obras os llama a que veáis las infieles, preguntó, ¿por qué no iréis aderezadas de lo que son vuestras armas, por eso mismo, porque vais a las que son ajenas de vuestra fe, para que haya diferencia entre las siervas del demonio y de Dios? ¿Para que les sea como ejemplo y se edifiquen de veros? ¿Para que, como dice el Apóstol, sea Dios ensalzado en vuestro cuerpo? Y es ensalzado con la honestidad y con el hábito que a la honestidad le conviene. Pero dicen algunas: "Antes porque no blasfemen de su nombre en nosotras, si veen que quitamos algo de lo antiguo que usábamos. Luego, ni quitemos de nosotras los vicios pasados. Seamos de unas mismas costumbres, pues queremos ser de un mismo traje, y entonces, con verdad, ¿no blasfemarán de Dios los gentiles?...". ¡Gran blasfemia es, por cierto, que se diga de alguna que anda pobre después que es cristiana! ¿Temerá nadie de parecer pobre, después que es más rica, o de parecer sin aseo, después que es más limpia? Pregunto a los cristianos, ¿cómo les conviene que anden, conforme al gusto de los gentiles, o conforme al de Dios?

»Lo que habemos de procurar es no dar causa a que con razón nos blasfemen. ¡Cuánto será más digno de blasfemar, si las que sois llamadas sacerdotes de honestidad, salís vestidas y pintadas como las deshonestas se visten y afeitan, o qué más hacen aquellas miserables que se sacrifican al público deleite y al vicio, a las cuales, si antiguamente las leyes las apartaron de las matronas y de los trajes que las matronas usaban, ya la maldad de este siglo, que siempre crece, las ha igualado en esto con las honestas mujeres, de manera que no se pueden reconocer sin error! Verdad es que, las que se afeitan como ellas poco se diferencian dellas; verdad es que los afeites de la cara, las Escrituras nos dicen que andan siempre con el cuerpo burdel, como debidos a él y como sus allegados. Que aquella poderosa ciudad, de quien se dice que preside sobre siete montes, y quien mereció que la llamase ramera Dios, ¿con qué traje, veamos, corresponde a su nombre? En carmesí se asienta sin duda, y en púrpura y en oro y en piedras preciosas, que son cosas malditas, y sin que pintada ser no pudo la que es ramera maldita. La Thamar, porque se engalanó y se pintó, por eso a la sospecha de Judas fue tenida por mujer que vendía su cuerpo; y como la encubría el rebozo, y como el aderezo daba a entender ser ramera, hizo que la tuviesen por tal; quísola y recuestóla, y puso su concierto con ella. De donde aprendemos que conviene en todas maneras cortar el camino aun a lo que hace mala sospecha de nosotros. Que ¿por qué la entereza del ánima casta ha de querer ser manchada con la sospecha ajena? ¿Por qué se esperará de vos lo que huís como la muerte? ¿Por qué mi traje no publicará mis costumbres, para que, por lo que el traje dice, no ponga llaga la torpeza en el alma, y para que pueda ser tenida por honesta la que desama al ser deshonesta? Mas dirá por caso alguna: "No tengo necesidad de satisfacer a los hombres, ni busco el ser aprobada dellos; Dios es el que vee el corazón". Todos sabemos eso, mas también nos acordamos de lo que Él mismo por su Apóstol escribe: "Vean los hombres que vivís bien". Y ¿para qué, si no para que la mala sospecha no os toque, y para que seáis buen ejemplo a los malos, y ellos os den testimonio? O ¿qué es, si esto no es? Resplandezcan vuestras buenas obras; o ¿para qué nos llama el Señor luz de la tierra? ¿Para qué nos compara a ciudad puesta en el monte si nos sumimos y lucir no queremos en las tinieblas? Si escondiésemos debajo del celemín la candela de vuestra virtud, forzoso será quedaros a escuras, y de fuerza estropezarán en vosotras diversas gentes.

»Las obras de buen ejemplo, ésas son las que nos hacen lumbreras del mundo; que el bien entero y cabal no apetece lo escuro, antes se goza en ser visto, y en ser demostrado se alegra. A la castidad cristiana no le basta ser casta, sino parecer también que lo es; porque ha de ser tan cumplida, que del ánima mane al vestido, y del secreto de la consciencia salga a la sobrehaz, para que se vean sus alhajas de fuera, y sean cual conviene ser para conservar perpetuamente la fe.

»Porque conviene mucho que desechemos los regalos muelles, porque su blandura y demasía excesiva afeminan la fortaleza de la fe y la enflaquescen. Que cierto no sé yo si la mano acostumbrada a vestirse del guante, sufrirá pasmarse con la dureza de la cadena, ni sé si la pierna hecha al calzado bordado consentirá que el cepo la estreche. Temo mucho que el cuello embarazado con los lazos de las esmeraldas y perlas no dé lugar a la espada. Por lo cual, benditas, ensayémonos en lo más áspero, y no sentiremos. Dejemos lo apacible y alegre, y luego nos dejará su deseo. Estemos aprestadas para cualquier suceso duro, sin tener cosa que tomamos perder; que estas cosas, ligaduras son que detienen nuestra esperanza. Desechemos las galas del suelo, si deseamos las celestiales. No améis el oro, que fue materia del primer pecado del pueblo de Dios. Obligadas estáis a aborrescer lo que fue perdición de aquella gente; lo que, apartándose de Dios, adoró; y aún ya desde entonces el oro es yesca del fuego. Las sienes y frentes de los cristianos, en todo tiempo, y en éste principalmente, no el oro, sino el hierro, las traspasa y enclava. Las estolas del martirio nos están prestas y a punto. Los ángeles las tienen en las manos para vestírnoslas. Salid, salid aderezadas con los afeites y con los trajes vistosos de los Apóstoles. Poneos el blanco de sencillez, el colorado de la honestidad; alcoholad con la vergüenza los ojos, y con el espíritu modesto y callado. En las orejas poned como arracadas las palabras de Dios. Añudad a vuestros cuellos el yugo de Cristo. Sujetad a vuestros maridos vuestras cabezas, y quedaréis así bien hermosas. Ocupad vuestras manos con la lana, encavad en vuestra casa los pies, y agradarán más así que si los cercásedes de oro. Vestid seda de bondad, holanda de santidad, púrpura de castidad y pureza, que, afeitadas desta manera, será vuestro enamorado el Señor».

Esto es Tertuliano.

Mas no son necesarios los arroyos, pues tenemos la voz del Espíritu Santo, que, por la boca de sus apóstoles Sant Pedro y Sant Pablo, condena este mal clara y abiertamente.

Dice Sant Pedro:

«Las mujeres están sujetas a sus maridos, las cuales, ni traigan por defuera descubiertos los cabellos, ni se cerquen de oro, ni se adornen con aderezo de vestiduras precioso, sino su aderezo sea en el hombre interior, que está en el corazón ascondido, la enterez y el espíritu quieto y modesto, el cual es deprecio en los ojos de Dios; que desta manera, en otro tiempo, se aderezaban aquellas sanctas mujeres».

Y Sant Pablo escribe semejantemente:

«Las mujeres se vistan decentemente, y su aderezo sea modesto y templado, sin cabellos encrespados, y sin oro y perlas, y sin vestiduras preciosas, sino cual conviene a las mujeres que han profesado virtud y buenas obras».

Éste, pues, sea su verdadero aderezo, y, para lo que toca a la cara, hagan como hacía alguna señora deste reino. Tiendan las manos, y reciban en ellas el agua sacada de la tinaja, que con el aguamanil su sirvienta les echare y llévenla al rostro, y tomen parte della en la boca y laven las encías, y tornen los dedos por los ojos, y llévenlos por los oídos, y detrás de los oídos también, y hasta que todo el rostro quede limpio no cesen; y después, dejando el agua, límpiense con paño áspero, y queden así más hermosas que el Sol. Añade:

Capítulo XIII. Señalado en las puertas su marido, cuando se asentare con los gobernadores del pueblo

En las puertas de la ciudad eran antiguamente las plazas, y en las plazas estaban los tribunales y asientos de los jueces, y de los que se juntaban para consultar sobre el buen gobierno y regimiento del pueblo. Pues dicen que en las plazas y lugares públicos, y adonde quiera que se hiciere junta de hombres principales, el hombre cuya mujer fuere cual es la que aquí se dice, será por ella conocido y señalado, y preciado entre todos. Y dice esto Salomón o en Salomón el Spíritu Santo, no solo para mostrar cuánto vale la virtud de la buena, pues a sí da honra y a su marido nobleza, sino para enseñarle en esta virtud de la perfecta casada, de que vamos hablando, qué es lo sumo della, y la raya hasta donde ha de llegar, que es el ser corona y luz, y bendición y alteza, de su marido; pues es así que todos conocen y acatan y reverencian, y tienen por dichoso y bienaventurado al que le ha cabido esta buena suerte; lo uno, por haberle cabido, porque no hay joya ni posesión tan preciada ni envidiada como la buena mujer; y otro, por haber merecido que le cupiese; porque, así como este bien es precioso y raro, y don propiamente dado de Dios, así no le alcanzan de Dios sino los que, temiéndole y sirviéndole, se lo merecen con señalada virtud.

Así lo testifica el mismo Dios en el Eclesiástico: «Suerte buena es la mujer buena, y es parte de buen premio de los que sirven a Dios, y será dada al hombre por sus buenas obras». De arte que, el que tiene buena mujer, es estimado por dichoso en tenerla, y por virtuoso en haberla merecido tener. De donde se entiende que el carecer deste bien, en muchos es por su culpa dellos. Porque a la verdad, el hombre vicioso y distraído, y de aviesa y revesada condición, que juega su hacienda, y es un león en su casa, y sigue a rienda suelta la deshonestidad, no espere ni siquiera tener buena mujer, porque ni la merece, ni Dios la quiere a ella tan mal que la quiera juntar a compañía tan mala y porque él mismo, con su mal ejemplo y vida desvariada, la estraga y corrompe.

Pero torna Salomón a lo casero de la mujer, y dice:

Capítulo XIV. Lienzo tejió y vendiólo; franjas dio al cananeo

Cananeo llama al mercader y al que decimos cajero, porque los de aquella nación ordinariamente trataban desto, como si dijéramos agora al portugués. Y va siempre añadiendo una virtud a otra virtud, y lleva poco a poco a su mayor perfectión esta pintura que hace, y quiere que la industria y cuidado de la buena casada llegue, no solo a lo que basta en su casa, sino aun a lo que sobra, y que las sobras las venda, y las convierta en riqueza suya, y en arreo y provisión ajena. Y baste lo que ya acerca desto arriba tenemos dicho.

Capítulo XV. Fortaleza y buena gracia su vestido, reirá hasta el día postrero

Aunque esta buena casada ha de ser para mucho, que es lo que aquí Salomón llama fortaleza, no por eso tiene licencia para ser desabrida en la condición y en su manera y trato desgraciada; sino, como el vestido ciñe y rodea el cuerpo, así ella toda y por todas partes ha de andar cercada y como vestida de un valor agraciado y de una gracia valerosa. Quiero decir, que ni la diligencia, ni la vela, ni la asistencia a las cosas de su casa, la ha de hacer áspera y terrible, bien ni menos la buena gracia y la apacible habla y semblante, ha de ser muelle ni desatado, sino que, templando con lo uno lo otro, conserve el medio en ambas a dos cosas, y haga de entrambas una agradable y excelente mezcla.

Y no ha de conservar por un día o por un breve espacio aqueste tenor, sino por toda la vida, hasta el día postrero della. Lo cual es propio de todas las cosas que, o son virtud, o tienen raíces en la virtud, ser perseverantes y casi perpetuas, y en esto se diferencian de las no tales; que éstas, como nacen de antojo, duran por antojo; pero aquéllas, como se fundan en firme razón, permanecen por luengos tiempos.

Y los que han visto alguna mujer de las que se allegan a esta que aquí se dice, podrán haber experimentado lo uno y lo otro. Lo uno, que a todo tiempo y a toda sazón se halla en ella dulce y agradable acogida; lo otro, que esta gracia y dulzura suya no es gracia que desata el corazón del que la vee ni le enmollece, antes le pone concierto y le es como una ley de virtud, y así le deleita y aficiona, que juntamente le limpia y purifica; y borrando él las tristezas, lava las torpezas también; y es gracia que aun la engendra en los miradores. Y la fuerza della, y aquello en que propriamente consiste, lo declara más enteramente lo que se sigue:

Capítulo XVI. Su boca abrió en sabiduría, y ley de piedad en su lengua

Dos cosas hacen y componen este bien de que vamos hablando: razón discreta, y habla dulce. Lo primero llama sabiduría, y piedad lo segundo, o, por mejor decir, blandura. Pues entre todas las virtudes sobredichas, o para decir verdad, sobre todas ellas, la buena mujer se ha de esmerar en ésta, que es ser sabia en su razón, y apacible y dulce en su hablar. Y podemos decir que con esto lucirá y tendrá como vida todo lo demás de virtud que se pone en esta mujer, y que sin ello quedará todo lo otro como muerto y perdido. Porque una mujer necia y parlera, como lo son de continuo las necias, por más bienes otros que tenga, es intolerable negocio. Y, ni más ni menos, la que es brava y de dura y áspera conversación, ni se puede ver, ni sufrir. Y así, podemos decir que todo lo sobredicho hace como el cuerpo desta virtud de la casada que debujamos; más esto de agora es como el alma, y es la perfectión y el remate y la flor de todo este bien. Y cuando toca a lo primero, que es cordura y discreción o sabiduría como aquí se dice, la que de suyo no la tuviere, o no se la hobiere dado el don de Dios, con dificultad la persuadiremos a que le falta y a que la busque. Porque lo más propio de la necedad, es no conocerse y tenerse por sabia. Y ya que la persuadamos, será mayor dificultad ponerla en el buen saber, porque es cosa que se aprende mal cuando no se aprende en la leche. Y el mejor consejo que le podemos dar a tales, es rogarles que callen, y que, ya que son poco sabias, se esfuercen a ser mucho calladas. Que, como dice el sabio: «Si calla el necio, a las veces será tenido por sabio y cuerdo». Y podrá ser y será así, que callando y oyendo, y pensando primero consigo lo que hubieren de hablar, acierten a hablar lo que merezca ser oído. Así que, deste mal ésta es la medicina más cierta, aunque no es bastante medicina, ni fácil.

Mas, como quiera que sea, es justo que se precien de callar todas, así aquellas a quien les conviene encubrir su poco saber, como aquellas que pueden sin vergüenza descubrir lo que saben; porque en todas es, no solo condición agradable, sino virtud debida, el silencio y el hablar poco.

Y el abrir su boca en sabiduría, que el Sabio aquí dice, es no la abrir sino cuando la necesidad lo pide, que es lo mismo que abrirla templadamente y pocas veces, porque son pocas las que lo pide la necesidad. Porque, así como la naturaleza, como dijimos y diremos, hizo a las mujeres para que encerradas guardasen la casa, así las obligó a que cerrasen la boca; y como las desobligó de los negocios y contrataciones de fuera, así las libertó de lo que se consigue a la contratación, que son las muchas pláticas y palabras. Porque el hablar nace del entender, y las palabras no son sino como imágenes o señales de lo que el ánimo concibe en sí mismo; por donde, así como a la mujer buena y honesta la naturaleza no la hizo para el estudio de las ciencias ni para los negocios de dificultades, sino para un solo oficio simple y doméstico, así les limitó el entender, y por consiguiente, les tasó las palabras y las razones; y así como es esto lo que su natural de la mujer y su oficio le pide, así por la misma causa es una de las cosas que más bien lo está y que mejor le parece.

Y así solía decir Demócrito que el aderezo de la mujer y su hermosura era el hablar escaso y limitado. Porque, como con el rostro la hermosura dél consiste en que se respondan entre sí las facciones, así la hermosura de la vida no es otra cosa sino el obrar cada uno conforme a lo que su naturaleza y oficio le pide.

El estado de la mujer, en comparación del marido, es estando humilde, y es como dote natural de las mujeres la mesura y vergüenza, y ninguna cosa hay que se compadezca menos, o se desdiga más de lo humilde y vergonzoso, que lo hablador y lo parlero.

Cuenta Plutarco, que Fidias, escultor noble, hizo a los elienses una imagen de Venus que afirmaba los pies sobre una tortuga, que es animal mudo y que nunca desampara su concha; dando a entender que las mujeres, por la misma manera, han de guardar siempre la casa y el silencio. Porque verdaderamente el saber callar es su sabiduría propia y aquella de quien habla aquí Salomón, aunque, para aprendida, es muy dificultosa a aquellas que de su cosecha no la tienen como decíamos. Y esto, cuanto a lo primero. Mas lo segundo, que toca a la aspereza y desgracia de la condición, que por la mayor parte, nace más de voluntad viciosa que de naturaleza errada, es enfermedad más curable.

Y deben advertir mucho en ello las buenas mujeres; porque si bien se mira, no sé yo si hay cosa más monstruosa y que más disuene de lo que es, que ser una mujer áspera y brava. La aspereza hízose para el linaje de los leones o de los tigres y aun los varones por su compostura natural, y por el peso de los negocios en que de ordinario se ocupan, tienen licencia para ser algo ásperos. Y el sobrecejo, y el ceño, y la esquivez en ellos está bien a las veces; mas la mujer, si es leona, ¿qué le queda de mujer? Mire su hechura toda, y verá que nació para piedad. Y como a las onzas las uñas agudas y los dientes largos y la boca fiera y los ojos sangrientos las convidan a crudeza, así a ella la figura apacible de toda su disposición la obliga a que no sea el ánimo menos mesurado que el cuerpo parece blando.

Y no piensen que la crió Dios y la dio al hombre solo para que le guarden la casa, sino también para que le consuelen y alegren. Para que en ella el marido cansado y enojado halle descanso, y los hijos amor, y la familia piedad, y todos generalmente acogimiento agradable. Bien las llama el hebreo a las mujeres «la gracia de casa». Y llámalas así en su lengua con una palabra, que en castellano, ni con decir gracia, ni con otras muchas palabras de buena significación, apenas comprehendemos todo lo que en aquélla se dice; porque dice asco, y dice hermosura, y dice donaire, y dice luz, y deleite, y concierto, y contento, el vocablo con que el hebreo las llama. Por donde entendemos que de la buena mujer es tener estas cualidades todas, y entendemos también que, la que no va por aquí, no debe ser llamada ni la gracia, ni la luz, ni el placer de su casa, sino el trasto della y el estropiezo, o, por darles su nombre verdadero, el trasgo y la estantigua que a todos turba y asombra.

Y sucede así, que como a las casas que son por esta causa asombradas, después de haberlas conjurado, al fin los que las viven las dejan, así la habitación donde reinan en figura de mujer estas fieras, el marido teme entrar en ella, y la familia desea salir della, y todos la aborrecen, y lo más presto que pueden la santiguan y huyen.

¿Qué dice el Sabio? «El azote de la lengua de la mujer brava por todos se extiende; enojo fiero la mujer airada y borracha, en su afrenta perpetua». Conocí yo una mujer que cuando comía reñía, y cuando venía la noche reñía también, y el Sol cuando nacía la hallaba riñendo, y esto hacia el disanto y el día no santo, y la semana y el mes y por todo el año no era otro su oficio sino reñir; siempre se oía el grito y la voz áspera, y la palabra afrentosa y el

deshonrar sin freno, y ya sonaba el azote, y ya volaba el chapín, y nunca la oí
que no me acordase de aquello que dice el poeta:

> Tesifone, ceñida de crueza,
> la entrada, sin dormir, de noche y día
> ocupa; suena el grito, la braveza,
> el lloro, el crudo azote, la porfía.

Y así era su casa una imagen del infierno en esto, con ser en lo demás un
paraíso, porque las personas della eran, no para mover a braveza, sino para
dar contento y descanso a quien lo mirara bien. Por donde, cargando yo el
juicio algunas veces en ello, me resolví en que de todo aquel vocear y reñir,
no se podía dar causa alguna que colorada fuese, si no era querer digerir
con aquel ejercicio las cenas, en las cuales de ordinario esta señora excedía.

Y es así, que en estas bravas, si se apuran bien todas las causas desta su
cólera desenfrenada y continua, todas ellas son razones de disparate; la una,
porque le parece que cuando riñe es señora; la otra, porque la desgració el
marido, y halo de pagar la hija o la esclava; la otra, porque su espejo no le
mintió ni la mostró hoy tan linda como ayer, de cuanto vee levanta alboroto.
A la una embravece el vino, a la otra su no cumplido deseo, y a la otra su
mala ventura. Pero pasemos más adelante. Dice:

Capítulo XVII. Rodeó todos los rincones de su casa, y no comió el pan de balde

Quiere decir que, en levantándose, la mujer ha de proveer las cosas de su casa, y poner en ellas orden, y que no ha de hacer lo que muchas de las de agora hacen, que unas, en poniendo los pies en el suelo, o antes que los pongan, estando en la cama, negocian luego con el almuerzo, como si hubiesen pasado cavando la noche. Otras se asientan con su espejo a la obra de su pintura, y se están en ella enclavadas tres o cuatro horas, y es pasado el mediodía, y viene a comer el marido, y no hay cosa puesta en concierto.

Y habla Salomón desta diligencia aquí, no porque antes de agora no hubiese hablado della, sino por dejarla, con el repetir, más firme en la memoria, como cosa importante, y como quien conocía de las mujeres cuán mal se hacen al cuidado y cuán inclinadas son al regalo. Y dice lo demás desto también porque, diciéndole a la mujer que rodee su casa, le quiere enseñar el espacio por donde ha de menear los pies la mujer, y los lugares por donde ha de andar, y, como si dijésemos, el campo de su carrera, que es su casa propia, y no las calles, ni las plazas, ni las huertas, ni las casas ajenas.

«Rodeó, dice, los rincones de su casa»; para que se entienda que su andar ha de ser en su casa, y que ha de estar presente siempre en todos los rincones della, y que, porque ha de estar siempre allí presente, por eso no ha de andar fuera nunca, y que, porque sus pies son para rodear sus rincones, entienda que no los tiene para rodear los campos y las calles. ¿No dijimos arriba que el fin para que ordenó Dios la mujer, y se la dio por compañía al marido, fue para que le guardase la casa, y para que, lo que él ganase en los oficios y contrataciones de fuera, traído a casa, lo tuviese en guarda la mujer, y fuese como su llave?

Pues si es por natural oficio guarda de casa, ¿cómo se permite que sea callejera y visitadora y vagabunda? ¿Qué dice Sant Pablo a su discípulo Tito que enseñe a las mujeres casadas? «Que sean prudentes, dice, y que sean honestas, y que amen a sus maridos, y que tengan cuidado de sus casas». Adonde, lo que decimos, «que tengan cuidado de sus casas», el original dice así: «Y que sean guardas de su casa». ¿Por qué les dio a las mujeres Dios las fuerzas flacas y los miembros muelles, sino porque las crió, no para ser postas, sino para estar en su rincón asentadas?

Su natural propio pervierte la mujer callejera. Y como los peces, en cuanto están dentro del agua, discurren por ella y andan y vuelan ligeros, mas si acaso los sacan de allí, quedan sin se poder menear; así la buena mujer, cuanto para de sus puertas adentro, ha de ser presta y ligera, tanto, para fuera dellas, se ha de tener por coja y torpe.

Y pues no las dotó Dios ni del ingenio que piden los negocios mayores, ni de fuerzas las que son menester para la guerra y el campo, mídanse con lo que son y conténtense con lo que es de su parte, y entiendan en su casa y anden en ella, pues las hizo Dios para ella sola.

Los chinos, en nasciendo, les tuercen a las niñas los pies, por que cuando sean mujeres no los tengan para salir fuera, y porque, para andar en su casa, aquellos torcidos les bastan. Como son los hombres para lo público, así las mujeres para el encerramiento; y como es de los hombres el hablar y el salir a luz, así dellas el encerrarse y encubrirse.

Aun en la iglesia, adonde la necesidad de la religión las lleva y el servicio de Dios, quiere Sant Pablo que estén cubiertas, que apenas los hombres las vean, ¿y consentirá que por su antojo vuelen por las plazas y calles, haciendo alarde de sí? ¿Qué ha de hacer fuera de su casa la que no tiene partes ningunas de las que piden las cosas que fuera dellas se tratan? Forzoso es que, como la experiencia lo enseña, pues no tienen saber para los negocios de substancia, traten, saliendo, de poquedades y menudencias, y forzoso es que, pues no son para las cosas de seso y de peso, se ocupen en lo que es perdido y liviano; y forzoso es que, pues no es de su oficio ni natural hacer lo que pide, valor, hagan el oficio contrario.

Y así es que, las que en sus casas cerradas y ocupadas las mejoraran, andando fuera dellas las destruyen. Y las que con andar por sus rinconea, ganarán las voluntades y edificarán tu consciencias de sus maridos, visitando las calles corrompen los corazones ajenos y enmollecen las almas de los que las veen, las que, por ser ellas muelles, se hicieron para la sombra y para el secreto de sus paredes.

Y si es de lo propio de la mala mujer el vaguear por tu calles, como Salomón en los Proverbios lo dice, bien se sigue que ha de ser propiedad de la buena el salir pocas veces en público.

Dice bien uno, acerca del poeta Meandro:

> A la buena mujer le es propio y bueno
> el de continuo estar en su morada,
> que el salir fuera della es de las viles.

Y no por esto piensen que no serán conocidas o estimadas si guardan su casa, porque al revés, ninguna cosa hay que así las haga preciar, como el asistir en ella a su oficio, como de Teano la pitagórica, que, siendo preguntada por otra cómo vendría a ser señalada y nombrada, escriben que dijo que hilando y tejiendo, y teniendo cuenta con su rincón.

Porque siempre a las que así lo hacen les sucede lo que luego se sigue. Esto es:

Capítulo XVIII. Levantáronse sus hijos y loáronla, y alabóla también su marido

Parecerá a algunos que tener una mujer, hijos y marido tales que la alaben, más es buena dicha della, que parte de su virtud. Y dirán que no es ésta alguna de las cosas que ella ha de hacer para ser la que debe, sino de las que, si lo fuere, le sucederán.

Mas aunque es verdad que a las tales les sucede esto; pero no se ha de entender que es suceso que les adviene por caso, sino bien que les viene porque ellas lo hacen y lo obran. Porque al oficio de la buena mujer Pertenece, y esto nos enseña Salomón aquí, hacer buen marido y criar buenos hijos, y tales, que no solo con debidas y agradecidas palabras le den loor, pero mucho más con sus obras buenas. Que es pedirle tanta bondad y virtud, cuanta es menester, no solo para sí, sino también para sus hijos y su marido. Por manera que sus buenas obras dellos sean proprios y verdaderos loores della, y sean como voces vivas que en los oídos de todos canten su loor. Y cuanto a lo del marido, cierto es lo primero que el Apóstol dice, que muchas veces la mujer cristiana y fiel, al marido que es infiel le gana y hace su semejante. Y así, no han de pensar que pedirles esta virtud es pedirles lo que no pueden hacer, porque si alguno puede con el marido, es la mujer sola. Y si la caridad cristiana obliga al bien del extraño, ¿cómo puede pensar la mujer que no está obligada a ganar y a mejorar su marido?

Cierto es que son dos cosas las que entre todas tienen para persuadir eficacia: el amistad y la razón. Pues veamos cuál destas dos cosas falta en la mujer que es tal cual decimos aquí, o vemos si hay alguno otro que ni con muchas partes se iguale con ella en esto.

El amor y amistad que hay entre dos, mujer y marido, es el más estrecho, como es notorio, porque lo principia la naturaleza, y la acrecienta la gracia, y le enciende la costumbre, y le enlazan estrechísimamente otras muchas obligaciones. Pues la razón y la palabra de la mujer discreta es más eficaz que otra ninguna en los oídos del hombre, porque su aviso es aviso dulce. Y como las medicinas cordiales, así su voz se lanza luego y se apega más con el corazón.

Muchos hombres habría en Israel, tan prudentes y de tan discreta y más discreta razón que la mujer de Tecua; y para persuadir a David y para inducirle a que tornase a su hijo Absalón a su gracia, Joab, su capitán general, avisadamente se aprovechó del aviso de sola esta mujer, y sola ésta quiso que con su buena razón y dulce palabra, ablandase y torciese a piedad el corazón del rey, justamente indignado, y sucedióle su intento (2 Re, 1), porque, como digo, mejórase y esfuérzase mucho cualquiera buena razón en la boca dulce de la sabia y buena mujer. Que ¿quién no gusta de agradar a quien ama? O ¿quién no se fía de quien es amado? O ¿quién no da crédito al amor y a la razón cuando se juntan? La razón no se engaña, y el amor no quiere engañar; y así, conforme a esto, tiene la buena mujer tomados al marido todos los puertos, porque ni pensará que se engaña la que tan discreta es, ni sospechará que le quiere engañar la que como su mujer le ama. Y si los beneficios en la voluntad de quien los recibe crían deseo de agradecimiento, y le aseguran para que sin recelo se fíe de aquel de quien los ha recibido, y ambas a dos cosas hacen poderosísimo el consejo que el beneficiador da al beneficiado, ¿qué beneficio hay que iguale al que recibe el marido de la mujer que vive como aquí se dice?

De un hombre extraño, si oímos que es virtuoso y sabio, nos fiamos de su parecer, ¿y dudará el marido de obedecer a la virtud y discreción que cada día vee y experimenta? Y porque decimos cada día, tienen aún más las mujeres para alcanzar de sus maridos lo que quisieren esta oportunidad y aparejo, que pueden tratar con ellos cada día y cada hora, y a las horas de mejor coyuntura y sazón. Y muchas veces lo que la razón no puede, la importunidad lo vence, y señaladamente la de la mujer, que, como dicen los experimentados, es sobre todas. Y verdaderamente es caso, no sé si diga vergonzoso o donoso, decir que las buenas no son poderosas para concertar sus maridos, siendo las malas valientes para inducirlos a cosas desatinadas que los destruyen.

La mujer por sí puede mucho, y la virtud y razón también a sus solas es muy valiente, y juntas entrambas cosas, se ayudan entre sí y se fortifican de tal manera, que lo ponen todo debajo de los pies. Y ellas saben que digo verdad, y que es verdad que se puede probar con ejemplo de muchas que con su buen aviso y discreción, han emendado mil malos siniestros en sus maridos, y ganándoles el alma y emendándoles la condición, en unos brava, en otros distraída, en otros por diferentes maneras viciosa. De arte que las que se quejan agora dellos y de su desorden, quéjense de sí primero y de su negligencia, por la cual no los tienen cual deben.

Mas si con el marido no pueden, con los hijos, que son parte suya y los traen en las manos desde su nacimiento y les son en la niñez como cera, ¿qué pueden decir, sino confesar que los vicios dellos y los desastres en que caen por sus vicios, por la mayor parte son culpas de sus padres? Y porque agora hablamos de las madres, entiendan las mujeres que, si no tienen buenos hijos, gran parte dello es porque no les son ellas enteramente sus madres. Porque no ha de pensar la casada que el ser madre es engendrar y parir un hijo; que en lo primero siguió su deleite, y a lo segundo les forzó la necesidad natural. Y si no hiciesen por ellos más, no sé en cuánta obligación les pondrían.

Lo que se sigue después del parto es el puro oficio de la madre, y lo que puede hacer bueno al hijo y lo que de veras le obliga. Por lo cual, téngase por dicho esta perfecta casada que no lo será si no cría a sus hijos, y que la obligación que tiene por su oficio a hacerlos buenos, esa misma le pone necesidad a que los críe a sus pechos; porque con la leche, no digo que se aprenda, que eso fuera mejor, porque contra lo mal aprendido es remedio el olvido; sino digo que se bebe y convierte en substancia, y como en naturaleza, todo lo bueno y lo malo que hay en aquella de quien se recibe; porque el cuerpo ternecico de un niño, y que salió como comenzado del vientre, la teta le acaba de hacer y formar. Y según quedare bien formado el cuerpo, así le avendrá el alma después, cuyas costumbres ordinariamente nacen de sus inclinaciones dél; y si los hijos salen a los padres de quien nacen, ¿cómo no saldrán a las amas con quien pacen, si es verdadero el refrán español? ¿Por ventura no vemos que cuando el niño está enfermo purgamos al ama que le cría, y que con purificar y sanar el mal humor della, le damos salud a él? Pues entendamos que, como es una la salud, así es uno el cuerpo; y si los humores son unos, ¿cómo no lo serán las inclinaciones, las cuales, por andar siempre hermanadas con ellos, en castellano con razón las llamamos humores? De arte que si el ama es borracha, habemos de entender que el desdichadito beberá, en la leche, el amor del vino; si colérica, si tonta, si deshonesta, si de viles pensamientos y ánimo, como de ordinario lo son, será el niño lo mismo. Pues si el no criar los hijos es ponerlos a tan claro y manifiesto peligro, ¿cómo es posible que cumpla con lo que debe la casada que no los cría? Esto es decir la que en la mejor parte de su casa, y para cuyo fin se casó principalmente, pone tan mal recaudo. ¿Qué le vale ser en todo lo demás diligente, si en lo que es más es así descuidada? Si el hijo sale perdido, ¿qué vale la hacienda ganada? O ¿qué bien puede haber en la casa donde los hijos para quien es no son buenos? Y si es parte desta virtud conyugal, como habemos ya visto, la piedad generalmente con todos, los que son tan sin piedad, que entregan a un extraño el fruto de sus entrañas, y la imagen de virtud y de bien que en él había comenzado la naturaleza a obrar, consienten que otra la borre, y permiten que imprima vicios en lo que del vientre salía con principio de buenas inclinaciones, cierto es que no son buenas casadas, ni aun casadas, si habemos de hablar con verdad; porque de la casada es engendrar hijos, y hacer esto es perderlos; y de la casada es engendrar hijos legítimos, y los que se crían así, mirándolo bien, son llanamente bastardos.

Y porque vuestra merced vea que hablo con verdad, y no encarecimiento, ha de entender que la madre en el hijo que engendra no pone sino una parte de su sangre, de la cual la virtud del varón, figurándola, hace carne y huesos. Pues el ama que cría pone lo mismo, porque la leche es sangre, y en aquella sangre la misma virtud del padre que vive en el hijo hace la misma obra; sino que la diferencia es ésta, que la madre puso este su caudal por nueve meses, y la ama por veinticuatro; y la madre, cuando el parto era un tronco sin sentido ninguno, y la ama, cuando comienza ya a sentir y reconocer el bien que recibe; la madre influye en el cuerpo, la ama en el cuerpo y en el alma. Por manera que, echando la cuenta bien, la ama es la madre, y la que parió es peor que madrastra, pues ajena de sí a su hijo, y hace borde lo que había nacido legítimo, y es causa que sea mal nacido el que pudiera ser noble, y comete en cierta manera un género de adulterio poco menos feo y no menos dañoso que el ordinario, porque en aquél vende al marido por hijo el que no es dél, y aquí el que no lo es della, y hace sucesor de su casa al hijo del amo y de la moza, que las más veces es una villana, o esclava.

Bien conforma con esto lo que se cuenta haber dicho un cierto mozo romano, de la familia de los Gracos, que volviendo de la guerra vencedor, y rico de muchos despojos, y veniéndole al encuentro para recebirle alegres y regocijadas su madre y su ama juntamente, él, vuelto a ellas y repartiendo con ellas de lo que traía, como a la madre diese un anillo de plata y al ama un collar de oro, y como la madre, indignada desto, se doliese dél, le respondió que no tenía razón, «porque, dijo, vos no me tuvistes en el vientre más de por espacio de nueve meses, y ésta me ha sustentado a sus pechos por dos años enteros. Lo que yo tengo de vos es solo el cuerpo, y aun ése me distes por manera no muy honesta; mas la dádiva que désta tengo, diómela ella con pura y sencilla voluntad; vos, en naciendo yo, me apartastes de vos y me alejastes de vuestros ojos, mas ésta, ofreciéndose, me recibió, desechado, en sus brazos amorosamente, y me trató así, que por ella he llegado y venido al punto y estado en que agora estoy».

Manda Sant Pablo, en la doctrina que da a las casadas, «que amen a sus hijos». Natural es a las madres amarlos, y no había para qué Sant Pablo encargase con particular precepto una cosa tan natural; de donde se entiende que el decir «que los amen» es decir que los críen, y que el dar leche la madre a sus hijos, a eso Sant Pablo llama amarlos, y con gran propriedad porque el no criarlos es venderlos y hacerlos no hijos suyos, y como desheredados de su natural, que todas ellas son obras de fiero aborrecimiento, y tan fiero, que vencen en ello aun a las fieras, porque, ¿qué animal tan crudo hay, que no críe lo que produce, que fíe de otro la crianza de lo que pare?

La braveza del león sufre con mansedumbre a sus cachorrillos que importunamente le desjuguen las tetas. Y el tigre, sediento de sangre, da alegremente la suya a los suyos. Y si miramos a lo delicado, el flaco pajarillo, por no dejar sus huevos, olvida el comer y enflaquece, y cuando los ha sacado, rodea todo el aire volando, y trae alegre en el pico lo que él desea comer, y no lo come porque ellos lo coman.

Mas ¿qué es menester salirnos de casa? La naturaleza dentro della misma declara casi a voces su voluntad, enviando, luego después del parto, leche a los pechos. ¿Qué más clara señal esperamos de lo que Dios quiere, que ver lo que hace? Cuando les levanta a las mujeres los pechos, les manda que críen; engrosándoles los pezones, les avisa que han de ser madres; los rayos de la leche que viene, son como aguijones con que las despierta a que alleguen a sí lo que parieron. Pero a todo esto se hacen sordas algunas, y excúsanse con decir que es trabajo y que es hacerse temprano viejas, parir y criar. Es trabajo, yo lo confieso; mas, si esto vale, ¿quién hará su oficio? No esgrima la espada el soldado, ni se oponga al enemigo, porque es caso de peligro y sudor; y porque se lacera mucho en el campo, desamparo el pastor sus ovejas.

Es trabajo parir y criar; pero entiendan que es un trabajo hermanado, y que no tienen licencia para dividirlo. Si les duele criar, no paran, y si les agrada el parir, críen también. Si en esto hay trabajo, el del parto es sin comparación el mayor. Pues, ¿por qué las que son tan valientes en lo que es más, se acobardan en aquello que es menos? Bien se dejan entender las que lo hacen así, y cuando no por sus hijos, por lo que deben a su vergüenza, habían de traer más cubiertas y disimuladas sus inclinaciones. El parir, aunque duele agramente, al fin se lo pasan. Al criar no arrostran, porque no hay deleite que lo alcahuete. Aunque, si se mira bien, ni aun esto les falta a las madres que crían; antes en este trabajo la naturaleza sabia y prudente, repartió gran parte de gusto y de contento; el cual, aunque no le sentimos los hombres, pero la razón nos dice que le hay, y en los extremos que hacen las madres con sus niños lo vemos. Porque, ¿qué trabajo no paga el niño a la madre, cuando ella le tiene en el regazo desnudo, cuando él juega con la teta, cuando le hiere con la manecilla, cuando la mira con risa, cuando gorjea? Pues cuando se le añuda al cuello y la besa, paréceme que aun la deja obligada.

Críe, pues, la casada perfecta a su hijo, y acabe en él el bien que formó, y no dé la obra de sus entrañas a quien se la dañe, y no quiera que torne a nacer mal lo que había nacido bien, ni que le sea maestra de vicios la leche, ni haga bastardo a su sucesor, ni consienta que conozca a otra antes que a ella por madre, ni quiera que en comenzando a vivir se comience a engañar. Lo primero en que abra los ojos su niño sea en ella, y de su rostro della se figure el rostro dél. La piedad, la dulzura, el aviso, la modestia, el buen saber, con todos los demás bienes que le habemos dado, no solo los traspase con la leche en el cuerpo del niño, sino también los comience a imprimir en el alma tierna dél con los ojos y con los semblantes; y ame y desee que sus hijos le sean suyos del todo, y no ponga su hecho en parir muchos hijos, sino en criar pocos buenos; porque los tales con las obras la ensalzarán siempre, y muchas veces con las palabras, diciendo lo que sigue:

Capítulo XIX. Muchas hijas allegaron riquezas, mas tú subiste sobre todas

Hijas llama el hebreo a cualesquier mujeres. Por riquezas habemos de entender, no solo los bienes de la hacienda, sino también los del alma, como son el valor, la fortaleza, la industria, el cumplir con su oficio, con todo lo demás que pertenece a lo perfecto desta virtud, o por decirlo más brevemente, riquezas aquí se toman por esta virtud conjugal puesta en su punto. Y dice Salomón que los hijos de la perfecta casada, loándola, la encumbran sobre todas, y dice que de las buenas ella es la más buena, lo cual dice o escribe Salomón que lo dirán conforme a la costumbre de los que loan, en la cual es ordinario lo que es loado ponerlo fuera de toda comparación, y más cuando en los que alaban se ayunta a la razón la afición. Y a la verdad, todo lo que es perfecto en su género tiene aquesto, que si lo miramos con atención, hinche así la vista del que lo mira, que no lo deja pensar que hay igual. O digamos de otra manera, y es que no se hace la comparación con otras casadas que fueron perfectas, sino con otras que parecieron quererlo ser. Y esto cuadra muy bien, porque esta mujer que aquí se loa, no es alguna particular que fue tal como aquí se dice, sino es el dechado y como la idea común que comprehende todo este bien; y no es una perfecta, sino todas las perfectas, o por mejor decir, esta misma perfectión; y así, no se compara con otra perfectión de su género, porque no hay otra y en ella está toda, sino compárese con otras cualidades que caminan a ella y no le llegan, y que en la apariencia son este bien, mas no en los quilates. Porque a cada virtud la sigue e imita otra que no es ella ni es virtud; como la osadía parece fortaleza, y no lo es, y el desperdiciado no es liberal, aunque lo parece. Y por la misma manera hay casadas que se quieren mostrar cabales y perfectas en su oficio, y quien no atendiere bien, creerá que lo son, y a la verdad, no atinan con él; y esto por diferentes maneras; porque unas, si son caseras, son avarientas; otras, que velan en la guarda de la hacienda, en lo demás se descuidan; unas crían los hijos y no curan de los criados; otras son grandes curadoras y acariciadoras de la familia, y con ella hacen bando contra el marido. Y porque todas ellas tienen algo desta perfectión que tratamos, parece que la tienen toda, y de hecho carecen della, porque no es cosa que se vende por partes. Y aun hay algunas que se esfuerzan a todo, pero no se esfuerzan a ello por razón, sino por inclinación o por antojo; y así, son movedizas, y no conservan siempre un temor ni tienen verdadera virtud, aunque se asemejan mucho a lo bueno. Porque esta virtud, como las demás, no es planta que se da en cualquier tierra, ni es fruta de todo árbol, sino quiere su propio tronco y raíz, y no nace ni mana si no es de una fuente que es la que se declara en lo que se sigue:

Capítulo XX. Engaño es el buen donaire y burlería la hermosura; la mujer que teme a Dios, ésa es digna de loor

Pone la hermosura de la buena mujer, no en las figuras del rostro, sino en las virtudes secretas del alma, las cuales todas se comprehenden en la Scriptura debajo desto que llamamos temer a Dios. Mas aunque este temor de Dios, que hermosea el alma de la mujer, como principal hermosura se ha de buscar y estimar en ella, no carece de cuestión lo que de la belleza corporal dice aquí el Sabio, cuando dice que es vana y que es burlería; porque se suele dudar si es conveniente a la buena casada ser bella y hermosa. Bien es verdad que esta duda no toca tan derechamente en aquello a que las perfectas casadas son obligadas, como en aquello que deben buscar y escoger los maridos que desean ser bien casados. Porque el ser hermosa o fea una mujer, es cualidad con que se nace, y no cosa que se adquiere por voluntad ni de que se puede poner ley ni mandamiento a las buenas mujeres.

Mas como la hermosura consista en dos cosas, la una que llamamos buena proporción de figuras, y la otra que es limpieza y aseo, porque sin lo limpio no hay nada hermoso, aunque es verdad que ninguna, si no lo es, se puede transformar en hermosa, aunque lo procure, como se vee, en que muchas lo procuran y en que ninguna dellas sale con ello; pero lo que toca al aseo y limpieza, negocio es que la mayor parte dél está puesto en su cuidado y voluntad; y negocio de cualidad, que aunque no es de las virtudes que ornan el ánimo, es fruto dellas, o indicio grande de la limpieza y buen concierto que hay en el alma, el cuerpo limpio y bien aseado; porque, así como la luz encerrada en la lanterna la esclarece y traspasa, y se descubre por ella, así el alma clara y con virtud resplandeciente, por razón de la mucha hermandad que tiene con su cuerpo, y por estar íntimamente unida con él, le esclarece a él, y lo figura y compone cuanto es posible de su misma composición y figura; así que, si no es virtud del ánimo la limpieza y aseo del cuerpo, es señal de ánimo concertado, y limpio y aseado, a lo menos es negocio y cuidado necesario en la mujer para que entre ella y el marido se conserve y crezca el amor, si ya no es él por ventura tal que se deleite y envicie en el cieno. Porque ¿cuál vida será la del que ha de traer a su lado siempre en la mesa, donde se asienta para tomar gusto, y en la cama, que se ordena para descanso y reposo, un desaliño y un aseo que ni se puede mirar sin torcer los ojos, ni tocar sin atapar las narices? O ¿cómo será posible que se allegue el corazón a aquello que naturalmente aborrece y de que rehuye el sentido? Seralé sin duda un perpetuo y duro freno al marido el desaseo de su mujer, que todas las veces que inclinare, o quisiere inclinar a ella su ánimo, lo irá deteniendo y le apartará y como torcerá a otra parte.

Y no será esto solamente cuando la viere, sino todas las veces que entrare en su casa, aunque no la vea. Porque la es forzosamente y la limpieza della, olerá a la mujer, a cuyo cargo está su aliño y limpieza, y cuanto ella fuere aseada o desaseada, tanto así la casa como la mesa y el lecho tendrán de sucio o de limpio.

Así que, desto que llamamos belleza, la primera parte, que consiste en el ser una mujer aseada y limpia, cosa es que el serlo está en la voluntad de la mujer que lo quiere ser, y cosa que le conviene a cada una quererla, y que pertenece a esto perfecto que vamos hablando y la compone y hermosea como las demás partes della. Pero la otra parte, que consiste en el escogido color y figuras, ni está en la mano de la mujer tenerla, y así no pertenece a aquesta virtud, ni por aventura conviene al que se casa buscar mujer que sea muy aventajada en belleza; porque, aunque lo hermoso es bueno, pero están ocasionadas a no ser buenas las que son muy hermosas. Bien dijo acerca de esto el poeta Simónides:

Bella cosa es de ver la hembra hermosa,
bella para los otros, que al marido
costoso daño es y desventura.

Porque, la que muchos desean, hase de guardar de muchos, y así corre mayor peligro, y todos se aficionan al buen parecer. Y es inconveniente gravísimo que en la vida de los casados, que se ordenó para que ambas las partes descansase cada una dellas, y se descuidase en parte con la compañía de su vecina, se escoja tal compañía, que de necesidad obligue a vivir con recelo y cuidado y que, buscando el hombre mujer para descuidar de su casa, la tome tal, que le atormente con recelo todas las horas que no estuviere en ella. Y no solo esta belleza es peligrosa, porque atrae a sí y enciende en su cobdicia los corazones de los que la miran, sino también porque despierta a las que la tienen a que gusten de ser cobdiciadas; porque, si todas generalmente gustan de parecer bien y de ser vistas, cierto es que las que lo parecen no querrán vivir ascondidas; demás de que a todos nos es natural el amar nuestras cosas, y por la misma razón el desear que nos sean preciadas y estimadas y es señal que es una cosa preciada cuando muchos la desean y aman; y así las que se tienen por bellas, para creer que lo son, quieren que se lo testifiquen las aficiones de muchos. Y, si va a decir verdad, no son ya honestas las que toman sabor en ser miradas y recuestadas deshonestamente. Así que, quien busca mujer muy hermosa, camina con oro por tierra de salteadores, y con oro que no se consiente encubrir en la bolsa, sino que se hace él mismo afuera y se les pone a los ladrones delante los ojos, y que, cuando no causase otro mayor daño y cuidado, en esto solo hace que el marido se tenga por muy afrentado: porque en la mujer semejante la ocasión que hay para no ser buena por ser cobdiciada de muchos, esa mesma hace en muchos grande sospecha de que no lo es, y aquesta sospecha basta para que ande en lenguas menoscabadas y perdida su honra. Y si este bien de beldad tuviera algún tomo, fuera bien que los hombres por él se pusieran a estos peligros; mas ¿quién no sabe lo que vale y lo que dura esta flor, cuán presto se acaba, con cuán ligeras ocasiones se marchita, a qué peligros está sujeta, y los censos que paga? «Toda la carne es heno, dice el Profeta, y toda la gloria della, que es su hermosura toda, y su resplandor como flor de heno».

Pues bueno es que por el gusto de los ojos ligero y de una hora quiera un hombre cuerdo hacer amargo el estado en que ha de perseverar cuanto le perseverare la vida, y que para que su vecino mire con contento a su mujer, muera él herido de mortal descontento, y que negocie con sus pesares proprios los placeres ajenos. Y si aquesto no basta, sea su pena su culpa, que ella misma le labrará; de manera que, aunque le pese, algún día y muchos días conozca sin provecho y condene su error, y diga, aunque tarde, lo que aquí dice deste su perfecto dechado de mujeres, el Spíritu Santo: «Engaño es el buen donaire, y burlería la hermosura; la mujer que teme a Dios, ésa es digna de ser loada». Porque se ha de entender que ésta es la fuente de todo lo que es verdadera virtud, y la raíz de donde nace todo lo que es bueno, y lo que solo puede hacer y hace que cada uno cumpla entera y perfectamente con lo que debe, el temor y el respecto de Dios, y el tener cuenta con su ley; y lo que en esto no se funda, nunca llega a colmo, y por bueno que parece, se hiela en flor.

Y entendemos por temor de Dios, según el estilo de la Scriptura Sagrada, no solo el afecto del temor, sino el emplearse uno con voluntad y con obras en el cumplimiento de sus mandamientos, y lo que, en una palabra, llamamos servicio de Dios. Y descubre esta raíz Salomón a la postre, no porque su cuidado ha de ser el postrero; que antes ella, como decimos, es el principio de todo este bien; sino lo uno, porque temer a Dios y guardar con cuidado su ley no es más propio de la casada que de todos los hombres. A todos nos conviene meter en este negocio todas las velas de nuestra voluntad y afición; porque sin él ninguno puede cumplir, ni con las obligaciones generales de cristiano, ni con las particulares de su oficio. Y lo otro, díselo al fin, por dejarlo más firme en la memoria, y para dar a entender que este cuidado de Dios, no solamente lo ha de tener por primero, sino también por postrero; quiero decir, que comience y demedie y acabe con sus obras, y todo aquello a que le obliga su estado, de Dios y en Dios y por Dios; y que haga lo que conviene, no solo con las fuerzas que Dios le da para ello, sino última y principalmente por agradar a Dios, que se las da. Por manera que el blanco a donde ha de mirar en cuanto hace, ha de ser Dios, así para pedirle favor y ayuda en lo que hiciere, como para hacer lo que debe puramente por Él; porque lo que se hace, y no por Él, no es enteramente bueno, y lo que se hace sin Él, como cosa de nuestra cosecha, es de muy bajos quilates. Y esto es cierto, que una empresa tan grande y adonde se ayuntan tan diversas y tan dificultosas obligaciones como es satisfacer una casada a su estado, nunca se hizo, ni aun medianamente, sin que Dios proveyese de abundante favor.

Y así, el temor y servicio de Dios ha de ser en ella lo principal y lo primero, no solamente porque te es mandado, sino también porque le es necesario: porque las que por aquí no van siempre, se pierden y demás de ser malas cristianas, en ley de casadas, nunca son buenas, como se vee cada día; unas se esfuerzan por temor del marido, y así, no hacen bien más de lo que ha de ver y entender. Otras, que trabajan porque le aman y quieren agradar, y en entibiándose el amor, desamparan el trabajo. A las que mueve la cobdicia, no son caseras, sino escasas, y demás de escasas, faltas por el mismo caso en otras virtudes de las que pertenecen a su oficio, y así, por una muestra de bien no tienen ninguno. Otras, que se inclinan por honra y que aman el parecer buenas por ser honradas, cumplen con lo que parece, y no con lo que es, y ninguna dellas consiguen lo que pretenden ni tienen un ser en lo que hacen, sino que los días mudan los intentos y pareceres, porque caminan, o sin guía, o con mala guía, y así, aunque trabajan, su trabajo es vano y sin fruto. Mas al revés, las que se ayudan de Dios y enderezan sus obras y trabajos a Dios, cumplen con todo su oficio enteramente, porque Dios quiere que le cumplan todo, y cúmplenlo, no en apariencia, sino en verdad, porque Dios no se engaña; y andan en su trabajo con gusto y deleite, porque Dios les da fuerzas; y perseveran en él, porque Dios persevera; y son siempre unas, porque el que las alienta es Él mismo; y caminan sin error, porque no le hay en su guía; y crecen en el camino y van pasando adelante, y en breve espacio traspasan largos espacios, porque su hecho tiene todas las buenas cualidades y condiciones de la virtud; y finalmente, ellas son las que consiguen el precio y el premio; porque quien les da es Dios, a quien ellas en su oficio miran y sirven principalmente, y por cuyo respecto ellas se pusieron al cumplimiento y de hecho cumplieron toda aquesta virtud; y el premio es el que Salomón, concluyendo toda aquesta doctrina, pone en lo que sigue:

Capítulo XXI. Dalde del fruto de sus manos, y lóenla en las puertas sus obras

Los frutos de la virtud, quiénes y cuáles sean, Sant Pablo los pone en la Epístola que escribió a los gálatas, diciendo: «Los frutos del Spíritu Santo son amor y gozo, y paz y sufrimientos, y largueza y bondad, y larga espera y mansedumbre, y fe y modestia, y templanza y limpieza». (Gál, 5.) Y a esta rica compañía de bienes, que ella por sí sola parecía bastante de sí mesma, se añade o sigue otro fruto mejor, que es gozar en vida eterna de Dios. Pues estos frutos son los que aquí el Spíritu Santo quiere y manda que se den a la buena mujer, y los que llama fruto de sus manos, esto es, de sus obras della. Porque aunque todo es don suyo, y el bien obrar, y el galardón de la buena obra; pero, por su infinita bondad, quiere que, obedeciéndole, seguido su gracia, y por habernos recibido a su movimiento, se llame y sea fruto de nuestras manos e industria, lo que, principalmente, es don de su liberalidad y largueza.

Vean, pues, agora las mujeres cuán buenas manos tienen las buenas, cuán ricas son las labores que hacen y de cuán grande provecho. Y no solo sacan provecho dellas, sino honra también, aunque suelen decir que no caben en uno. El provecho son bienes y riquezas del cielo, la honra es una singular alabanza en la tierra. Y así añade: «Y léenla en las plazas sus obras». Porque mandar Dios que la loen, es hacer cierto que la alabarán; porque lo que Él dice se hace, y porque la alabanza sigue como sombra a la virtud, y se debe a sola ella. Y dice: «En las plazas» porque no solo en secreto y en particular, sino también en público y en general sonarán sus loores, como a la letra acontece. Porque, aunque todo aquello en que resplandece algún bien es mirado y preciado, pero ningún bien se viene tanto a los ojos humanos, ni causa en los pechos de los hombres tan grande satisfacción como una mujer perfecta, ni hay otra cosa en que ni con tanta alegría ni con tan encarecidas palabras abran los hombres las bocas, o cuando tratan consigo a solas, o cuando conversan con otros, o dentro de sus casas, o en las plazas en público. Porque unos loan lo casero, otros encarecen la discreción, otros suben al cielo la modestia, la pureza, la piedad, la suavidad dulce y honesta. Dicen del rostro limpio, del vestido aseado, de las labores y de las velas. Cuentan las criadas remediadas, el mejoro de la hacienda, el trato con las vecinas amigable y pacífico; no olvidan sus limosnas, repiten cómo amó y cómo ganó a su marido; encarecen la crianza de los hijos, y el buen tratamiento de los criados; sus hechos, sus dichos, sus semblantes todos alaban. Dicen que fue sancta para con Dios y bienaventurada para con su marido; bendicen por ella su casa, y ensalzan a su parentela, y aun a los que la merecieron ver y hablar llaman dichosos; y como a la Sancta Judit, la nombran gloria de su linaje y corona de todo su pueblo; y por mucho que digan, hallan siempre más que decir. Los vecinos dicen esto a los ajenos, y los padres dan con ella doctrina a sus hijos, y de los hijos pasan a los nietos, y extiéndese la fama por todas partes creciendo, y pasa con clara y eterna voz a su memoria de unas generaciones en otras, y no le hacen injuria los años, ni con el tiempo envejece, antes con los días florece más, porque tiene su raíz junto a las aguas, y así no es posible que descaezca, ni menos puede ser que con la edad caiga el edificio que está fundado en el cielo, ni en manera alguna se compadece que muera su loor de la que, todo cuanto vivió, no fue sino una perpetua y viva alabanza de la bondad y grandeza de Dios, a quien solo se debe eternamente el ensalzamiento y la gloria. Amén.

LIBROS A LA CARTA

A la carta es un servicio especializado para
empresas,
librerías,
bibliotecas,
editoriales
y centros de enseñanza;
y permite confeccionar libros que, por su formato y concepción, sirven a los propósitos más específicos de estas instituciones.

Las empresas nos encargan ediciones personalizadas para marketing editorial o para regalos institucionales. Y los interesados solicitan, a título personal, ediciones antiguas, o no disponibles en el mercado; y las acompañan con notas y comentarios críticos.

Las ediciones tienen como apoyo un libro de estilo con todo tipo de referencias sobre los criterios de tratamiento tipográfico aplicados a nuestros libros que puede ser consultado en Linkgua-ediciones.com.

Linkgua edita por encargo diferentes versiones de una misma obra con distintos tratamientos ortotipográficos (actualizaciones de carácter divulgativo de un clásico, o versiones estrictamente fieles a la edición original de referencia).

Este servicio de ediciones a la carta le permitirá, si usted se dedica a la enseñanza, tener una forma de hacer pública su interpretación de un texto y, sobre una versión digitalizada «base», usted podrá introducir interpretaciones del texto fuente. Es un tópico que los profesores denuncien en clase los desmanes de una edición, o vayan comentando errores de interpretación de un texto y esta es una solución útil a esa necesidad del mundo académico.

Asimismo publicamos de manera sistemática, en un mismo catálogo, tesis doctorales y actas de congresos académicos, que son distribuidas a través de nuestra Web.

El servicio de «libros a la carta» funciona de dos formas.

1. Tenemos un fondo de libros digitalizados que usted puede personalizar en tiradas de al menos cinco ejemplares. Estas personalizaciones pueden ser de todo tipo: añadir notas de clase para uso de un grupo de estudiantes,

introducir logos corporativos para uso con fines de marketing empresarial, etc. etc.

2. Buscamos libros descatalogados de otras editoriales y los reeditamos en tiradas cortas a petición de un cliente.

www.ingramcontent.com/pod-product-compliance
Lightning Source LLC
Chambersburg PA
CBHW031537040426

42445CB00010B/574